JN034042

フォーラム・A

はじめに

こんにちは。樋口万太郎です。

体育アクティビティを手に取っていただき、ありがとうございました。

算数アクティビティ、国語アクティビティに続き、シリーズ３冊目になります。

この体育アクティビティは、当初よりずっと出したいと思っていました。

今から15年前、私は体育でドッジボールやオニごっこを頻繁に行っていました。特に学年で体育をするときは定番でした。そんな調子で附属に赴任し、体育でこれまで通りにドッジボールをしました。

しかし、放課後、その体育の授業を見ていた学年主任の先生や体育部の先生から、

「何のためにドッジボールをしていたの？」

と聞かれました。しかし、当時の私はうまく答えることができませんでした。すると、学年主任の先生や体育部の先生から、

「体育は休み時間ではない。遊びをしないで！！」

と指導されたのです。当時は意味がわかりませんでした。しかし、今なら意味がわかります。それは、「何のために」が体育の目的ではなかったり、目的が設定されていなかったりしたからです。アクティビティと遊びは全然違います。

本書では体育の力を育成するためのアクティビティを200個用意しました。どれも楽しいアクティビティばかりです。

本書が体育好きの子を育てる、体育が苦手な先生が少しでも楽しいと思える一助になることを願っています。

樋口万太郎

体育アクティビティとは

本書で紹介している体育アクティビティとは、単なるゲームや遊びではありません。単なるゲームや遊びなら、体育の授業で行う必要はありません。休み時間にすればいいのです。「はじめに」に書いた昔の私が授業中に行ってきたことは、ゲームや遊びだったのです。

体育アクティビティとは、

体育の授業で行う、子どもが楽しく取り組む体育の活動

のことです。体育遊びではなく、体育アクティビティです。遊びやゲームでは「勝敗」がメインになりがちですが、体育アクティビティでは、

子どもたちの体育に関する力を育てること

体育の学習やねらいに結び付いた活動であること

をメインとしています。そこで、体育アクティビティでは、

「体つくり運動」「器械運動」「水泳運動」「ボール運動」「表現運動」「陸上運動」の６つの領域で200のアクティビティを構成しています。

アクティビティシリーズでは、アクティビティによって子どもたちが

「学ぶ（見る・聞く・書く・考える）

＋遊ぶ（手を動かす、体をつかう、声に出す）

＝より深く教科の力が身につく」

ということを大切にしています。本書でも同様です。楽しく、体育の力がつくなんて最高だと思いませんか。

本書に掲載されているアクティビティは、

「誰でもすぐ取り組める」

「子どもたちの体育の力がアップする」

「子どもたちの笑顔を見ることができる」

「子どもの心をつかむことができる」
というものばかりです。目の前の子どもやクラスの実態、学習内容に応じて、取り組んでみてください。

ただし、４つのお願いがあります。

１つ目です。体育アクティビティを行っているときに、騒がしくなっても**叱らないでください**。これは「教育的ざわめき」です。一生懸命に取り組んでいる証拠です。ざわめきから、「自分のクラスは落ち着きがない」、ひどい場合は「学級崩壊」していると思ってしまう方もいるようです。だから、叱ってしまう方もいるようです。それでは、体育アクティビティの効果を半減させてしまいます。

２つ目です。体育アクティビティを行うためにルールを説明することになります。その**ルールを伝える時間をできる限り短くしてください**。実際にアクティビティを行っていく中で、ルールを理解していくという感覚で構いません。「ルール、ちゃんとわかっているかな？」と子どもたちを心配する気持ちはわかります。しかし、ルール説明に時間をかけすぎてしまっては、体育アクティビティの効果を半減させてしまいます。

３つ目です。１度のアクティビティで思ったような効果が得られなくても、すぐにやめないでください。最低、**３度は行ってください**（３回チャンスをください！）。それでもうまくいかなかったら、何か原因があるはずです。違うアクティビティに取り組んでみましょう。

４つ目です。**ルールをどんどんアレンジをしていってください**。本書に掲載されているのは、あくまで一例です。目の前の子どもやクラスの実態に応じて、どんどんアレンジをしてください。子どもたちとルールを作ることも盛り上がることでしょう。自分オリジナルの体育アクティビティを作ってください。

本書の使い方

① 領域名

どの領域で実施するのが有効かを示しています。

② 学年

対象となる学年を表示しています。

③ 人との距離 NEW

人と人との距離（ソーシャルディスタンス）がとれるかどうかを示しています。※

④ アクティビティ名と番号

アクティビティの名前です。番号は1から200までの通し番号となっています。

⑤ 人数・場所・時間・準備物

実施するときの目安となる情報を示しています。目安となる「人数」「時間」「準備物」、好ましい「場所」を示しています。

⑥ めあて

ねらいとなる力を示しています。どんな力を育てることができるのかがわかります。

⑦ タイミング

アクティビティを行うのに好ましいタイミングを示しています。

⑧ 進め方

進め方と声かけの例をのせています。進めるときの参考にしてください。

⑨ ワンポイント

アクティビティを行うときの大事なポイントや、注意する点をのせています。

⑩ アレンジ

本書の特徴ともいえるポイントです。基本の形にアレンジを加えることにより飽きさせず、取り組むことができます。

⑪ 教師の目

アクティビティを行っているときの「教師の」動き方、言葉かけ、評価のポイントをのせています。教科としての取り組みとするためのポイントと、安全面の配慮を示しています。

※メインのアクティビティを基本としています。

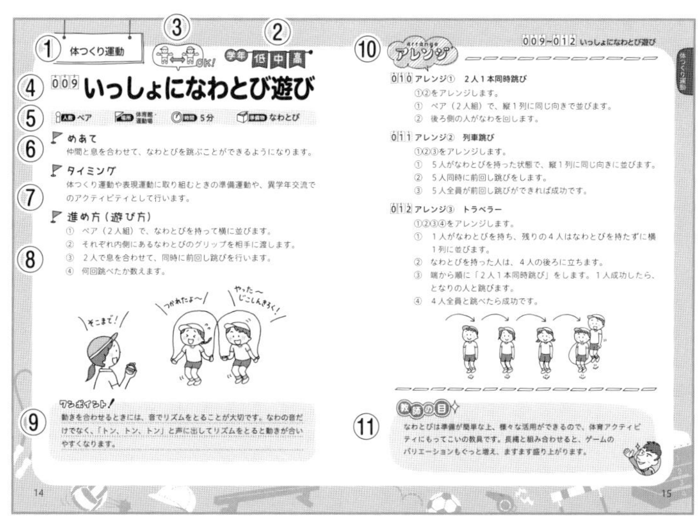

009 いっしょになわとび遊び

体つくり運動　OK!　学年 低 中 高

人数 ペア　場所 体育館・運動場　時間 5分　準備物 なわとび

めあて

仲間と息を合わせて、なわとびを跳ぶことができるようになります。

タイミング

体つくり運動や表現運動に取り組むときの準備運動や、異学年交流でのアクティビティとして行います。

進め方（遊び方）

① ペア（2人組）で、なわとびを持って横に並びます。
② それぞれ内側にあるなわとびのグリップを相手に渡します。
③ 2人で息を合わせて、同時に前回し跳びを行います。
④ 何回跳べたか数えます。

ワンポイント！

動きを合わせるときには、音でリズムをとることが大切です。なわの音だけでなく、「トン、トン、トン」と声に出してリズムをとると動きが合いやすくなります。

14

009〜012 いっしょになわとび遊び

arrange アレンジ

010 アレンジ① 2人1本同時跳び

①②をアレンジします。

① ペア（2人組）で、縦1列に同じ向きで並びます。
② 後ろ側の人がなわを回します。

011 アレンジ② 列車跳び

①②③をアレンジします。

① 5人がなわとびを持った状態で、縦1列に同じ向きに並びます。
② 5人同時に前回し跳びをします。
③ 5人全員が前回し跳びができれば成功です。

012 アレンジ③ トラベラー

①②③④をアレンジします。

① 1人がなわとびを持ち、残りの4人はなわとびを持たずに横1列に並びます。
② なわとびを持った人は、4人の後ろに立ちます。
③ 端から順に「2人1本同時跳び」をします。1人成功したら、となりの人と跳びます。
④ 4人全員と跳べたら成功です。

教師の目

なわとびは準備が簡単な上、様々な活用ができるので、体育アクティビティにもってこいの教具です。長縄と組み合わせると、ゲームのバリエーションもぐっと増え、ますます盛り上がります。

15

第1章 体つくり運動

第2章 器械運動

第3章 水泳運動

第4章 ボール運動

第1章

体つくり運動

001 バランスとりとり

人数 1～2人　場所 教室・体育館　時間 5分　準備物 なし

めあて

体幹を意識しながら、体のバランスをとることができるようになります。

タイミング

体つくり運動に取り組むときの準備運動や、教室でのすき間時間のアクティビティとして行います。

進め方（遊び方）

① 立ったままの姿勢で、待ちます。
② 教師の合図で片足を上げます。
③ 片足を上げたままの姿勢を何秒保つことができるかを競います。

ワンポイント！

足を上げる高さによって、不平等感を感じる可能性があるので、「ひざを腰の高さまで上げるようにしましょう」等、基準を設けると良いでしょう。「最後まで残るのは誰かな？」でもよいですが、運動機会の保障の観点から制限時間を設け、ゲームを複数回行った方が盛り上がります。

002 アレンジ①　目を閉じて

③をアレンジします。

③　目を閉じ、片足を上げたままの姿勢を何秒保つことができるかを競います。

003 アレンジ②　おしくらまんじゅう

①②③をアレンジします。

①　ペア（２人組）で取り組みます。

②　２人が背中合わせで片足立ちします。

③　お尻で押し合い、両足が地面に着いた方が負けです。

ワンポイント

中学年でも異性で取り組むことに抵抗がある子が出ます。クラスの実態に応じて組み合わせにも配慮しましょう。

004 アレンジ③　フラミンゴ移動

平均台を用意します。

①③をアレンジし、④を追加します。

①　平均台の上で立ったままの姿勢で、待ちます。

③　片足を上げたままの姿勢を保ちながら平均台の端まで移動します。

④　両足が地面に着いたり途中で落ちたりしたらアウトです。

ワンポイント

マットを敷く等、安全面には注意しましょう。

目を閉じた途端に大きくバランスを崩す子どもが続出します。ほかにも低学年の子どもはフラフラする感覚を大げさに表現し、隣の子どもにわざとぶつかるようなことをします。けがをする子どもが出ないように、「人にぶつからないように注意しましょう」等の声かけを忘れないようにしましょう。

005 フープ回し

人数 1人　場所 体育館・運動場　時間 5分　準備物 フープ

めあて

バランスをとりながら、フープを回すことができるようになります。

タイミング

体つくり運動や表現運動に取り組むときの準備運動や、メインの活動として行います。

進め方（遊び方）

① フープを腰にあてます。
② 教師が10秒数える間に、フープを回します。
③ 10秒間で何回フープを回すことができたかを競います。

006 アレンジ①　同時に何個回せる？

①をアレンジします。

① フープを回せそうな体の部位に通してスタンバイします。（原則、１つのところに１本のフープとします）

ワンポイント！

フープを使うので、ぶつからない距離を保つことができ、低学年でも安全に行えるアクティビティです。フープを回すには少しのコツがいるため、ただやらせっぱなしではなく、時には回し方のコツを教え、練習する時間を取り入れるとよいでしょう。

学年 低 中 高

007 フープキャッチ

人数 1人　場所 体育館・運動場　時間 5分　準備物 フープ

めあて

手首を使って物を投げたり、回転を加えて投げたりすることができるようになります。

タイミング

体つくり運動や表現運動に取り組むときの準備運動として行います。

進め方（遊び方）

① フープにバックスピンをかけて地面に投げます。

② 戻ってきたフープをキャッチできれば成功です。

③ 10秒間で何回フープをキャッチできたかを数えます。

ワンポイント

低学年が取り組むときには、なるべく同じ方向を向いて、ぶつからないように十分な間隔をとって行うようにしましょう。

008 アレンジ① くぐれ！

②をアレンジし、③をなくします。

② 戻ってきたフープが倒れないように体を丸め、くぐり抜けることができれば成功です。

教師の目

自分の投げた物が手元に戻ってくる事象は子どもが夢中になって取り組みます。運動量が少ないアクティビティですので、冬場の寒い時期は控えた方がよいでしょう。

体つくり運動

009 いっしょになわとび遊び

人数 ペア　場所 体育館・運動場　時間 5分　準備物 なわとび

めあて

仲間と息を合わせて、なわとびを跳ぶことができるようになります。

タイミング

体つくり運動や表現運動に取り組むときの準備運動や、異学年交流でのアクティビティとして行います。

進め方（遊び方）

① ペア（２人組）で、なわとびを持って横に並びます。
② それぞれ内側にあるなわとびのグリップを相手に渡します。
③ ２人で息を合わせて、同時に前回し跳びを行います。
④ 何回跳べたか数えます。

ワンポイント！

動きを合わせるときには、音でリズムをとることが大切です。なわの音だけでなく、「トン、トン、トン」と声に出してリズムをとると動きが合いやすくなります。

010 アレンジ① 2人1本同時跳び

①②をアレンジします。

① ペア（2人組）で、縦1列に同じ向きで並びます。

② 後ろ側の人がなわを回します。

011 アレンジ② 列車跳び

①②③をアレンジします。

① 5人がなわとびを持った状態で、縦1列に同じ向きに並びます。

② 5人同時に前回し跳びをします。

③ 5人全員が前回し跳びができれば成功です。

012 アレンジ③ トラベラー

①②③④をアレンジします。

① 1人がなわとびを持ち、残りの4人はなわとびを持たずに横1列に並びます。

② なわとびを持った人は、4人の後ろに立ちます。

③ 端から順に「2人1本同時跳び」をします。1人成功したら、となりの人と跳びます。

④ 4人全員と跳べたら成功です。

なわとびは準備が簡単な上、様々な活用ができるので、体育アクティビティにもってこいの教具です。長縄と組み合わせると、ゲームのバリエーションもぐっと増え、ますます盛り上がります。

013 ハイハイ競走

人数 1人　場所 体育館　時間 5分　準備物 なし

めあて

腕だけで体を支え、バランスをとりながら移動することができるようになります。

タイミング

体つくり運動や陸上運動に取り組むときの準備運動や、レクリエーションの時間に行います。

進め方（遊び方）

① 四つんばいの状態から足を伸ばし、おなかを地面に着け、アザラシのような姿勢をとります。

② 教師の「よういどん」の合図とともにスタート。アザラシの姿勢のまま10m先のゴールをめざします。

③ １番早くゴールにたどり着いた人の勝ちです。

ワンポイント！

主に腕の力を使って移動するので、低学年の子どもには難しい面もあるかもしれません。その場合は四つんばいの状態のままで競走させたり、距離を短くする等、子どもやクラスの実態に合わせてルールを変えましょう。

014 アレンジ① ほふく前進競走

①②をアレンジします。

① 四つんばいの状態から足を伸ばし、ひじとおなかを地面に着けます。

② 教師の「よういどん」の合図とともにスタート。ほふく前進をして10m先のゴールをめざします。

015 アレンジ② お尻ハイハイ競走

①②をアレンジします。

① 足をのばして座る姿勢で待ちます。

② 教師の「よういどん」の合図とともにスタート。お尻を地面に着けたまま５ｍ先のゴールをめざします。

016 アレンジ③ 背中ハイハイ競走

①②をアレンジします。

① 仰向けに寝転び、ひざを曲げた状態で待ちます。

② 教師の「よういどん」の合図とともにスタート。背中を地面に着けたまま足だけ使って５ｍ先のゴールをめざします。

ワンポイント

ゴールが見えないので「天井のライトのところまで」等、ゴールとなる物を事前に示してあげましょう。

体のいろいろな部分を使って、移動することは体幹を鍛える、支持感覚を育てるといった観点から非常に大切な運動です。競走を取り入れ、楽しみながら取り組みましょう。

体つくり運動

017 ひっぱれー！

人数 2～3人　場所 体育館　時間 5分　準備物 1mのヒモ

めあて

全身を使って物を引っぱる動きを、身につけることができるようになります。

タイミング

体つくり運動に取り組むときの準備運動として行います。また親子活動や異学年交流でのアクティビティとして行います。

進め方（遊び方）

① ペア（2人組）をつくります。
② 1人は体育座りで、もう1人は向かい合って立ちます。
③ お互いに両手でヒモを持ちます。
④ 教師の「よういどん」の合図で、その姿勢のまま引っぱります。
⑤ 10m先のゴールに1番早く着いたペアの勝ちです。

ワンポイント！

直接手を握り、腕を引っぱるとけがにつながります。また1mほどのヒモを活用することでソーシャルディスタンスを確保でき、けがの防止の観点も含め一石二鳥です。

018 アレンジ① 後ろ向きでひっぱれー!

②をアレンジします。

② 1人は体育座りをして、もう1人はその前に背中を向けて立ちます。

019 アレンジ② 2人でひっぱれー!

ヒモを2本用意します。

①②③をアレンジします。

① 3人1組になります。

② 1人は体育座りで、2人は座っている人と向かい合って立ちます。

③ 座っている人は両手でヒモを持ち、立っている2人がそれぞれ1本ずつヒモを持ちます。

020 アレンジ③ 指示された姿勢でひっぱれー!

③をアレンジします。

③ 教師が姿勢を指示し、引っぱられる人は指示の姿勢で待ちます。(例えば、「寝転んで」「棒の姿勢」「あぐらの姿勢」等)

引っぱる側が力いっぱいに引っぱるのは危ないですが、引っぱられる側が力を抜くのはもっと危険です。引っぱられる側も力を入れることをきちんと指導しておきましょう。

021 すもう遊び

人数 2人　場所 体育館　時間 10分　準備物 テープかロープ

めあて

「押す」「引く」等の力の入れ加減を意識して、力を伝えることができるようになります。

タイミング

体つくり運動に取り組むときの準備運動や、メインの活動として行います。

進め方（遊び方）

① テープかロープで土俵をつくります。
② ペア（2人組）になって、向き合います。
③ お互いの手の平同士を合わせて組みます。
④ 教師の「はっけよい、のこった！」の合図で押したり、引いたりします。
⑤ 相手を土俵の外へ出した人が勝ちです。

ワンポイント！

力の加減のわからない小学校段階では安全面を考慮して、投げ技は禁止にしておきましょう。マット等の高さのあるものを土俵として活用することも、子どものけがにつながります。床にテープ等で土俵を描いて取り組まれることをオススメします。

022 アレンジ① 尻ずもう

②③④をアレンジします。

② ペア（2人組）になり、立った状態で背中合わせで待ちます。

③ お互いのお尻をくっつけます。

④ 「はっけよい、のこった！」の合図でお尻を押したり、引いたりします。

023 アレンジ② しゃがみずもう

②③をアレンジします。

② ペア（2人組）になり、そんきょの状態で待ちます。
(そんきょ：背すじをのばして腰をおとしてしゃがんだ姿勢)

③ そんきょの姿勢のまま、お互いの手の平同士を合わせて組みます。

024 アレンジ③ ロープずもう

ロープを用意します。

②③④をアレンジします。

② ペア（2人組）になり、それぞれにロープの端を手に持って向き合います。

③ ロープが張った状態になるように間隔をとります。

④ 教師の「はっけよい、のこった！」の合図で、ロープを引っぱったり、緩めたりします。

教師の目

子どもたちに「すもう」と言うと、子どもたちは力を入れて相手を倒す姿を想像することでしょう。ここでは力の入れる方向や、力の加減で相手のバランスを崩したり、押しやすくなったりすることが目的です。目的をしっかりとおさえてけががないように工夫して指導しましょう。
また、異性で取り組むことに対して抵抗がある子が出ます。指導するにあたって組み合わせを考えましょう。

025 いろいろリレー遊び

人数 クラス全員　場所 体育館　

めあて

全身を使って、体を行きたい方向へ移動させることができるようになります。

タイミング

体つくり運動や器械運動に取り組むときの準備運動として行います。

進め方（遊び方）

① １グループ10人のチームをつくります。

② ５人で１列になり、５ｍほど空けて向かい合って座ります。

③ 第１走者は寝転がり、第２走者は立って待ちます。

④ 教師の「よういどん」の合図で、対面で待つ第２走者に向かって、コロコロと転がります。

⑤ 第２走者のところまで来たら、バトンタッチします。
最終走者が１番早くゴールしたチームの勝ちです。

ワンポイント！

130のコーンリレーとの違いは、折り返すか折り返さないかです。いろいろリレー遊びでは、折り返すのが大変な動き（転がる、はねる等）を取り上げます。子どもの実態に合わせて距離を設定しましょう。

026 アレンジ① 前転がりリレー

③④をアレンジします。

③ 第1走者は前転の姿勢、第2走者は立って待ちます。

④ 教師の「よういどん」の合図で、対面で待つ第2走者に向かって、前転で進んでいきます。

027 アレンジ② カエル跳びリレー

③④をアレンジします。

③ 第1走者は四つんばいの姿勢、第2走者は立って待ちます。

④ 教師の「よういどん」の合図で、対面で待つ第2走者に向かって、カエル跳びで進んでいきます。

028 アレンジ③ ぞうきんがけリレー

ぞうきんを用意します。

③④をアレンジします。

③ 第1走者はぞうきんがけの姿勢、第2走者は立って待ちます。

④ 教師の「よういどん」の合図で、対面で待つ第2走者に向かって、ぞうきんがけで進んでいきます。

競走にすると順位に注目がいくため、速さを追求し、動きが雑になる傾向があります。動きの基準を示し、メインの活動に向けての準備運動であることを意識させて取り組みましょう。

029 スクウェアゲーム

人数 4人　場所 体育館・運動場　時間 10分　準備物 ミニコーン、ボール

めあて

すばやい動きや、チームが勝つために状況に応じた判断ができるようになります。

タイミング

体つくり運動や陸上運動に取り組むときの準備運動として行います。

進め方（遊び方）

① 1辺が5mの正方形のコートをつくります。
② コート内に赤白2色のミニコーンをバラバラに置きます。
③ コートの各頂点に赤チーム、白チーム2人ずつ立ちます。
④ 教師の「よういどん」の合図で、赤チームの人は白コーンを、白チームの人は赤コーンを倒します。
⑤ コーンを1つ倒す度に、スタート地点に戻って、再びコート内に入ってコーンを倒します。
⑥ 制限時間内に相手のコーンをより多く倒したチームの勝ちです。

ワンポイント！

コーンの数は多ければ多いほど、盛り上がります。校内にコーンが不足しているようでしたら紅白玉で代用することも可能です。そのときは「倒す」活動ではなく、「持ち帰る」活動に変更して行いましょう。

030 アレンジ① 起こしてもOK！

④⑤⑥をアレンジします。

④ 教師の「よういどん」の合図で、相手チームのコーンを倒すか、倒れている自分のチームのコーンを起こします。

⑤ コーンを1つ倒すか起こす度に、スタート地点に戻って、再びコートに入ってコーンを倒したり、起こしたりします。

⑥ 制限時間内で立っているコーンがより多いチームの勝ちです。

031 アレンジ② ボールをゲット！

②③④⑤⑥をアレンジします。

② コート内にボールを8個用意します。

③ コートの各頂点に1人ずつ立ちます。

④ 教師の「よういどん」の合図で、真ん中のボールを捕り、自分の陣地へ運びます。

⑤ 真ん中のボールがなくなったら、隣の人のボールを捕って、自分の陣地へ運びます。
（1度に運べるボールは1個です）

⑥ 制限時間内に、より多くのボールを自陣に運んでいた人の勝ちです。

夢中になって視野が狭くなり、目の前のことが見えなくなることがあります。コーンを倒すときやボールを捕るときに、頭がぶつからないように事前にきちんと指導しておくとよいでしょう。

032 通せ！

人数 3～10人 場所 体育館・運動場 時間 5分 準備物 ボール

めあて

手を使ってボールをねらったところへ転がしたり、体の柔軟性を身につけたりすることができます。

タイミング

体つくり運動やボール運動に取り組むときの準備運動として行います。

進め方（遊び方）

① ３人が縦１列に、３m程度の間隔を空けて並びます。

② 真ん中の人は肩幅に足を広げ、両端の２人は真ん中の人を見るように向かい合って立ちます。

③ 両端のどちらかの人がボールを転がします。

④ 真ん中の人の股下をボールが通り、反対側の人がボールをキャッチできれば成功です。

ワンポイント！

学年に応じて間隔は調整しましょう。慣れてきたら間隔を広げていきましょう。離れていけばいくほど、盛り上がりも増していきます。

033 アレンジ① しゃくとり虫

②④をアレンジします。

② 真ん中の人がしゃくとり虫のポーズになり、両端の2人は真ん中の人を見るように向かい合って立ちます。

④ 真ん中の人の体の下をボールが通り、反対側の人がキャッチできれば成功です。

034 アレンジ② ブリッジ

②④をアレンジします。

② 真ん中の人がブリッジの体勢になり、両端の2人は真ん中の人を見るように向かい合って立ちます。

④ 真ん中の人の背中の下をボールが通り、反対側の人がキャッチできれば成功です。

035 アレンジ③ トンネル

①②③④をアレンジします。

① 7人が縦1列に、3m程度の間隔を空けて並びます。

② 真ん中の5人は肩幅に足を広げ、両端の2人は真ん中の人たちを見るように向かい合って立ちます。

③ 両端のどちらかの人がボールを転がします。

④ 真ん中の5人の股下をボールが通り、反対側の人がボールをキャッチできれば成功です。

「投げる」前段階として「転がす」活動を通してボールに慣れ親しませることがねらいです。できることを積み重ねて、高学年のボール運動へとつなげましょう。

Q&A

Q：体育の授業をスムーズに進めるためにどんな準備をすればいいですか？

A：マネジメントの３つの観点を取り入れて準備しましょう。

① **ヒト**…子どもたちをいかに動かすのか（自分はどう動くのか）
② **モノ**…どんな教具が、どこに、どれぐらい必要なのか
③ **コト**…45分をどう時間配分して、何を学ばせるのか

活動空間が広く、教科書もない体育科においては、「マネジメントを制する者が、体育の授業を制す」と言っても過言ではありません。マネジメントとは、「リスク管理を行いながら目標に向かって効果的に進めていく」ための手法です。学年の先生たちと事前に相談しながら効率よく準備を進められると、よいですね。

Q：指示が入りにくい子に対してどうすればいいでしょう。
また、そのまわりの子への影響も心配です。

A：指示は、３つのポイントを意識して指示してみましょう。
また、「温かい目で見守る」意識を持つことで、クラスに安心感を持たせます。

① **次にすることを予告！**　（例「次は、５分後に～をするからね」）
② **短い言葉で明確な指示！**（例「グループで１人３回ずつやってみよう」）
③ **できたらとにかくほめる！**　（例「すごい！こんなの見たことない！」）

どうしてもみんなと同じペースで、同じ行動ができない子もいます。ついつい「ちゃんとやりなさい！」と大きな声をあげてしまうこともあるでしょう。そこをグッとこらえて、上記のポイントを意識してみましょう。

なかには反発して従えない子もいます。そんなときは、②のところで選択肢を与える等して、「自分で考える」場面をつくってみてください。
（例「１人でやる？　みんなとやる？」）

加えて、まわりの子への配慮も大切です。みんなと違うことをしているその子に対して、温かい目で見守るように先生が率先して応援メッセージを投げかけましょう。

第2章

器械運動

器械運動

036 ゆりかご

人数 何人でも　場所 体育館　時間 5分　準備物 マット

めあて

マット運動の基礎になる、背中を丸めて転がる感覚を身につけることができるようになります。

タイミング

器械運動のマット運動に取り組むときの準備運動として行います。

進め方（遊び方）

① マットの上で体育座りをします。

② ひざを抱えて背中を丸めます。

③ だるまのように縦にゆらゆら揺れたり、横にゆらゆら揺れたりします。

④ 誰が１番きれいにゆらゆら揺れているか見せ合いっこをします。

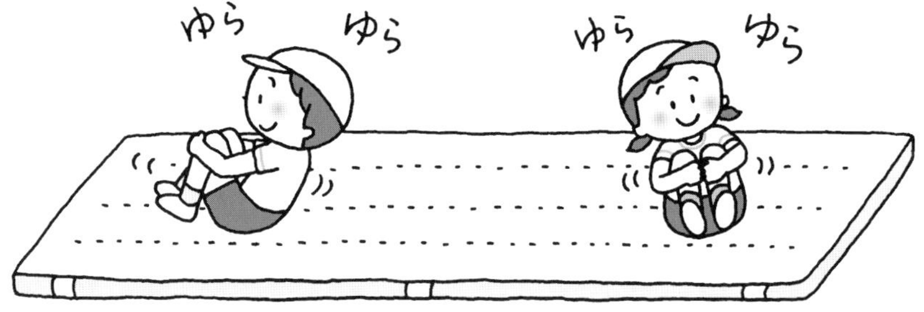

ワンポイント！

後ろに体を揺らしたときに、後頭部を床にぶつけないように気をつけます。あごを引いておくことも大切です。

037 アレンジ① 揺らし合いっこしよう

③④をアレンジします。

③ 友だちに縦に横に揺らしてもらいます。

④ 誰が１番きれいに揺れることができるのかを見せ合います。

038 アレンジ② 手をつないでゆ～らゆら

②③④をアレンジします。

② ひざを抱えて背中を丸めてから、友だちと手をつなぎます。

③ 動きを合わせてゆらゆら揺れます。

④ 何人までできるかチャレンジしてみます。

039 アレンジ③ ゆりかごキャッチボール

ボールを用意します。

①②③④をアレンジします。

① ペア（２人組）になり、向かい合った状態で体育座りをします。

② １人がボールを持った状態で、背中を丸めます。

③ お互いに揺れて、顔がお互いに上がったときに、タイミングを合わせてボールをパスし合います。

④ 何回続けることができるのかチャレンジします。

ワンポイント

このアレンジは、中学年・高学年向けです。

低学年の子たちは、揺らそうとするときに力を入れすぎてしまうときがあります。力を入れすぎると、けがをさせてしまう恐れがあります。
気をつけましょう。

040 カエルの足うち

人数 1人　場所 どこでも　時間 5分　準備物 マット

めあて

前転や倒立の組み合わせ技につながる、腕の力で体を支えることができるようになります。

タイミング

器械運動のマット運動に取り組むときの準備運動として行います。

進め方（遊び方）

① カエルの姿勢になります。
② 教師の「スタート」の合図で、カエルのように足だけを上げて、空中で足うちをします。
③ 制限時間内に何回できるか数えます。

ワンポイント！

足は頭の位置よりも高く上げることがポイントです。しかし、自分では上げているつもりでも、足が上がっていない子もいます。

041 アレンジ①　おさるの手足うち

①②③をアレンジします。

①　気をつけの姿勢になります。

②　教師の「スタート」の合図で、ジャンプをしながら、空中で手足をうちます。

③　１度のジャンプで、何回手と足をうつことができるか数えます。

ワンポイント

アクティビティの前に「おさるの手足うち！」と動物名を言ってあげることで、子どもたちはアクティビティをイメージしやすくなります。

教師の目

タブレット端末を使用すると、自分の動きを可視化できます。自分の動きを見ることで子どもたち自身で改善しようと動き出すことができます。

042 どうぶつ歩き

人数 何人でも　場所 体育館・運動場　時間 5分　準備物 なし

めあて

バランスをとりながら、手足を連動させて上手に動くことができるようになります。

タイミング

器械運動のマット運動や、とび箱運動に取り組むときの準備運動として行います。

進め方（遊び方）

① 運動場や体育館に広がります。

② 教師が指定する動物になりきって、人にぶつからずに歩きます。（例えば、「犬！」）

③ 教師が、「おわり！」と言うまで続けます。

ワンポイント！

クマ、クモ、へび、かえる、うさぎ、オットセイ等の動物を言います。例えば、クマは手の平をしっかりと開き、ゆっくりと大きな動作で行うようにします。「のっし、のっし」とその動物になりきって、鳴き声を言いながら取り組んでも盛り上がります。

043 アレンジ① 動物オニごっこ

①③をアレンジし、④を追加します。

① オニを決めてから、運動場や体育館に広がります。

③ オニにタッチされたら、オニ役になって追いかけます。

④ 教師が「おわり！」と言うまで続けます。

ワンポイント

誰がオニ役かがすぐにわかるように、オニだけ帽子の色を変えたり、オニだけちがう動物にすることも効果的です。

044 アレンジ② 進化じゃんけん

③をアレンジし、④⑤を追加します。

③ 歩き回っていく中で、ペア（２人組）になります。

④ ペアになったらじゃんけんをします。
じゃんけんをして勝ったらその動物が進化した姿で、じゃんけんをして負けたらその動物が退化した姿で歩き回ります。

⑤ 教師が「おわり！」と言うまで③④をくり返します。

ワンポイント

進化例 カエル→犬→ゴリラ→人間

どうぶつ歩きは体全体を使っていきたいものです。しかし、子どもによっては小さい動きで行ってしまう可能性があります。それを防ぐために、お互いの動きを見せ合いっこする時間を設けたり、鳴き声の真似をしながら取り組んだりすることが有効です。

045 マットゴロゴロ

人数 1～4人、クラス全員　場所 体育館　時間 5分　準備物 マット

めあて

マット運動に慣れ親しんだり、マットの上で体を回転させながら行きたい方向へ移動する感覚を身につけたりすることができます。

タイミング

器械運動のマット運動に取り組むときの準備運動として行います。

進め方（遊び方）

① 横1列に並びます。
② マットの上に手足をのばし、棒のようにピンッと寝転びます。
③ ○○になりきって、ゴロゴロと転がります。
(例　棒、ボール等)
④ マットの端まで行ったら、次の人が転がります。

ワンポイント！

棒だけでなく、例えばボールになったり、座ったまま等、いろいろな姿勢でごろごろと転がっても、盛り上がります。
「もっと早く転がりましょう」「20回転がりますよ」等、回数や速さを指定しても盛り上がります。

046 アレンジ①　2人で転がり

ペア（2人組）で行います。

①②③をアレンジします。

① ペア（2人組）をつくります。マットは2枚準備します。

② ペアで手をつないで、マットの上に棒のようにピンッと横になり寝転びます。

③ 息を合わせて、ゴロゴロ転がります。

ワンポイント

重なってみたり、うつぶせと仰向けの交互の状態から始めてみたり、お互いの足首を持ってみたりといろいろなアレンジを考えることができます。

047 アレンジ②　丸太運び

4～6人で行います。

①②③をアレンジします。

① マットの上に、3～4人が寝転びます。

② 寝転んだ人の上に、1人が寝転びます。

③ 下で寝転んだ人が車輪となり回転することで、上に乗った人を運びます。

ワンポイント

体重や身長、性別等に配慮して取り組みましょう。

夢中になりすぎて、子どもたち同士がぶつからないように安全面にも気をつけていきます。
また、中学年でも異性と取り組むことに抵抗がある子が出ます。組み合わせにも配慮しましょう。

器械運動

048 じゃんけん対決

人数 ペア　場所 どこでも　時間 5分　準備物 なし

めあて

頭と体を使って、テンポよく動くことができるようになります。

タイミング

器械運動に取り組むときの準備運動として行います。

進め方（遊び方）

① ペア（２人組）をつくります。

② 「じゃんけん」とお互いに言いながらジャンプをします。

③ 「ぽん」で足でじゃんけんを表します。
両足をくっつけてグー、足を前後に広げてチョキ、足を左右に広げてパー

④ いろいろな人と①～③をくり返し行います。

ワンポイント！

足だけでなく、全身を使ってじゃんけんをするとより盛り上がります。
また勝ち負けでなく、お互いの手が同じようになることを目指しても盛り上がります。

049 アレンジ① 手押し車じゃんけん

①②③④をアレンジします。

① ペア（2人組）をつくり、手押し車をします。

② 体育館を歩き回り、違うペアとじゃんけんをします。このとき、じゃんけんは手をついている人がします。

③ じゃんけんに勝つと、持つ人と歩く人を交代します。

④ ②③をくり返します。

050 アレンジ② じゃんけん開脚

②③④をアレンジし、⑤を追加します。

② じゃんけんをします。

③ じゃんけんに負けたら、靴1足分足を開きます。

④ ②③をくり返し、先に崩れてしまった人の負けです。

⑤ いろいろな人と②～④をくり返し行います。

051 アレンジ③ 逆さ足じゃんけん

体育館でマットを準備して行います。

②③をアレンジします。

② 首倒立をします。

③ 「じゃんけんぽん」で、足でじゃんけんをします。

ワンポイント

中・高学年向けです。首倒立ができない場合は、床に背中がついていてもOKです。

体を支える腕の力がない子が増えてきています。逆さ足じゃんけんがなかなかうまくいかない場合は足をわきにはさんだり、ひざを持つ等して、足を高く上げましょう。

052 2人でまたくぐり

人数 ペア　場所 体育館や教室　時間 5分　準備物 なし

めあて

しゃがんだり、起き上がったりと、すばやく体を動かすことができるようになります。また、仲間とともに楽しく運動することができます。

タイミング

器械運動に取り組むときの準備運動や、ちょっとしたレクリエーションの時間に行います。

進め方（遊び方）

① ペア（2人組）をつくります。

② じゃんけんをします。

③ じゃんけんに勝った人は足を広げて立ちます。負けた人はその足の間をくぐります。

④ 制限時間まで②③をくり返し、くぐった回数が少ない人の勝ちです。

ワンポイント！

学年に応じて、後ろからくぐる、〇回くぐる、手をつかずにくぐる…等、条件をつけるとおもしろくなります。ただ、急ぎ過ぎると体が接触して危険です。「体が触れたらマイナスポイント！」等、ルールを決めることで、安全に行えるようにします。

053 アレンジ① みんなでまたくぐり

①②③④をアレンジし、⑤を追加します。

人数をアレンジし、チーム戦にします。

① １グループ５～６人のチームをつくります。

② みんなでじゃんけんをして勝った人がくぐり役になります。

③ それ以外の人は足を開いて１列に並んで立ちます。

④ くぐり役は、その足のトンネルをくぐっていきます。

⑤ １番早くくぐりきったチームの勝ちです。

ワンポイント

人数が増えることで、しゃがんだ状態で進む距離がより長くなります。052同様、後ろからくぐる、ヘビ（ほふく前進）でくぐる…等の条件をつけても楽しくなります。また、前の人から順にリレー形式でくぐっていくのも盛り上がるでしょう。

ぶつからないように、「小さくなってくぐること」「しっかり足を開くこと」は意識させましょう。器械運動の動きにもつながります。また、中学年では異性との組み合わせに抵抗があるかもしれません。クラスの実態に合わせた組み合わせにも配慮しましょう。

054 ブリッジくぐり

人数 ペア　場所 体育館　時間 5分　準備物 マット

めあて

仰向けの状態から、手の平、足の裏で全身を持ち上げられるようになります。友だちとともに楽しく運動することができます。

タイミング

器械運動に取り組むときの準備運動として行います。特にマット運動やとび箱運動の跳ね動作の準備運動に適しています。

進め方（遊び方）

① ペア（2人組）をつくります。
② じゃんけんをします。
③ じゃんけんに負けた人は、マットの上でブリッジをします。勝った人はそのブリッジの下をくぐります。
④ ②③をくり返し、くぐった回数が多い人の勝ちです。

ワンポイント！

学年に応じて、上を向いてくぐる、○回くぐる、手をつかずにくぐる…等、条件をつけてみましょう。急ぎ過ぎて体が接触してしまわないように注意して行いましょう。

055 アレンジ① みんなでブリッジくぐり

人数をアレンジし、チーム戦にします。

①②③④をアレンジします。

① １グループ５～６人のチームをつくります。

② グループでじゃんけんに勝った人がくぐり役になります。

③ 負けた人は１列に並んで、マットの上でブリッジのトンネルをつくります。勝った人は、そのトンネルをくぐります。

④ １番早くくぐりきったチームの勝ちです。

ワンポイント

人数が増えることで、ブリッジをキープする時間がより長くなります。054同様、手をつかずにくぐる、ヘビ（ほふく前進）でくぐる、ブリッジの片足を上げる…等の条件をつけると難易度も上がります。また、前の人から順にリレー形式でくぐっていくのも盛り上がります。

ぶつからないように、「小さくなってくぐること」「ブリッジを高くすること」等のポイントを意識させましょう。ブリッジが無理な場合はうつ伏せのトンネルから始めましょう。

器械運動

056 安全地帯オニごっこ

人数 何人でも　場所 体育館　時間 15分　準備物 マット

めあて

相手の動きに応じて、自分の体をコントロールして、逃げる、追いかける等の動きができるようになります。

タイミング

マットを使う体育の授業はもちろん、休み時間や学級活動の時間にも行うことができます。

進め方（遊び方）

① オニを決めます。

② オニ以外の人は、マットの上（安全地帯）に乗ります。

③ マットから降りているときに、オニにタッチされたらオニを交代します。

④ オニにタッチされずにすべてのマットに乗れたらクリアです。

ワンポイント！

学年に応じて、オニの数を変える、移動方法をケンケンにする等、変化を加えてもよいでしょう。けが防止のため、マットが滑らないように対策をしておきましょう。

057 平均台並び替え指令

人数 5～6人　場所 体育館　時間 15分　準備物 平均台

めあて

体のバランスをコントロールして平均台から落ちないように、仲間と協力して移動することができます。

タイミング

体育の授業、休み時間や学級活動の時間にも行うことができます。

進め方（遊び方）

① １グループ５～６人のチームをつくります。
② 平均台の上に１列に並びます。
③ 平均台から落ちないように、指令の順番（出席番号順、誕生日順等）に並び替えます。
④ １番早く指令をクリアできたチームの勝ちです。

ワンポイント！

発達段階に応じて、男女別にする等の配慮が必要です。大きな学年と小さな学年で一緒に行うと、抱っこする場面等ほほえましい様子が伺えます。けが防止のため、状況に応じて、下にマットを敷く等対策をしておきましょう。

058 マット運びーみんなでわっしょいー

人数 4人　場所 体育館　時間 15分　準備物 マット

めあて

力の加減をしながら、バランスをとって走ることができるようになります。

タイミング

器械運動に取り組むときの準備運動のゲームとして行います。特にマット運動やとび箱運動等、マットを使用するときに適しています。

進め方（遊び方）

① 1グループ4人のチームをつくります。
② 教師の「よういどん」の合図で、4人で1枚のマットを持ち上げ、決められたコースを走ります。
③ マットを落とさずに、1番早くコースを走り終えたチームが勝ちです。

ワンポイント！

コーンを回って帰ってきてバトンタッチする等、リレー形式にしてもおもしろいでしょう。各学校で使用しているマットの大きさや重さによって、人数は変更しましょう。

059 アレンジ① おみこしわっしょい

①②③をアレンジし、④を追加します。

① 1グループ5～6人のチームをつくります。

② マットの上に1人が乗ります。

③ それ以外のメンバーで1枚のマットを持ち上げ、決められたコースを走ります。

④ マットを落とさずに、1番早くコースを走り終えたチームが勝ちです。

ワンポイント

上に人が乗ることで、マットが随分重くなり、マットを運ぶ難易度も上がります。どんな配置で持つと楽に走れるか。どんな姿勢で持つと力が入りやすいか。どんな風に上に乗ると運ぶ人は楽になるか。いろいろアイデアを出し合いながら行えるといいですね。

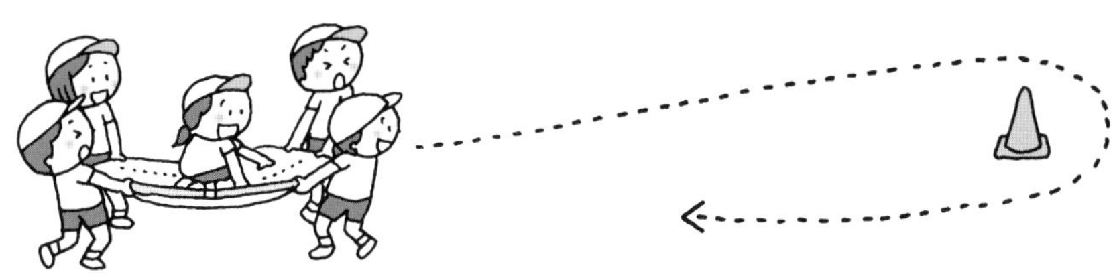

059は、マットの上に乗る人を順に変えて、リレー形式で行うのも盛り上がります。くれぐれも、スピードを出し過ぎてマットの上の人が転げ落ちることのないように注意しましょう。

060 ぶらぶら鉄棒

人数 ペア　場所 鉄棒　時間 10分　準備物 なし

めあて

鉄棒にいろいろな姿勢でぶら下がり、全身を使って体を振ることができるようになります。

タイミング

鉄棒の授業に取り組むときの準備運動や、メインの活動として行います。

進め方（遊び方）

① ペア（2人組）で、顔が見えるように鉄棒にぶら下がります。
② その姿勢のまま、じゃんけんをします。
③ 3回じゃんけんに勝った人の勝ちです。

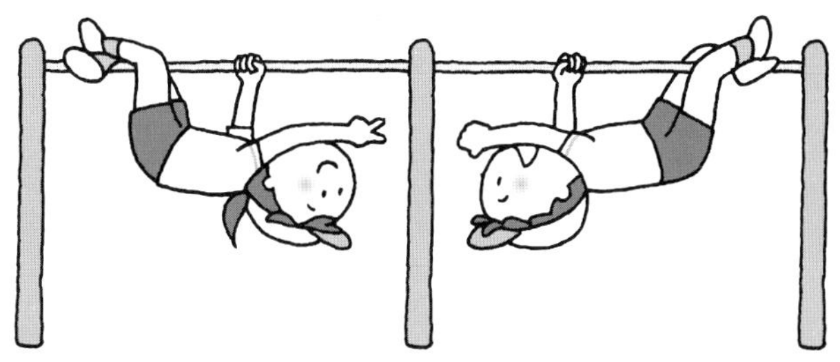

ワンポイント！

ふとんほし、ブタの丸焼き、両手ぶら下がり等、学年に応じていろいろなぶら下がり方で勝負してみましょう。またチーム対抗で、勝ち残り戦にしても盛り上がります。下にマットを敷く等、落ちたときの対策をしておきましょう。

061 アレンジ① 逆さまじゃんけん

①をアレンジします。

① ペア（２人組）で鉄棒に、並んで逆さまにぶら下がります。（こうもりぶら下がり）

ワンポイント

ひざの裏が痛いようなら、タオル等をはさみましょう。

062 アレンジ② 逆さま的あて

的になるものを準備します。

061の①をアレンジし、②③を追加します。

① 鉄棒に逆さまに足を使ってぶら下がります。

② その姿勢のまま、的に向かってボールを投げます。

③ 制限時間内に、的にいくつ当たったかを競い合います。

ワンポイント

的に当てる、かごに入れる、ボールの大きさ、距離等、いろいろアレンジできます。

063 アレンジ③ ダンゴ虫競争

①②③をアレンジします。

① 鉄棒にペア（２人組）でダンゴ虫の状態でぶら下がります。

② そのままの姿勢をキープします。

③ 腕が伸びずに長くキープできた人の勝ちです。

ワンポイント

ダンゴ虫は脇をしめて、あごが鉄棒の上まで出るようにします。この体を引きつける動きが逆上がり等の技につながります。

鉄棒の技ができるようになるために、逆さまの姿勢になれることや、ぶら下がる腕の力が必要です。遊びながら、楽しく、その力をつけていけるようにしましょう。

学年 低 中 高

064 鉄棒振り跳び

人数 1人　場所 鉄棒　時間 10分　準備物 なし

めあて

鉄棒で体を振って、遠くに跳ぶことができるようになります。

タイミング

鉄棒の授業に取り組むときの準備運動や、メインの活動として行います。

進め方（遊び方）

① 鉄棒上で体を支える姿勢をします。
② 腕を使って、体を大きく振ります。
③ その勢いを利用して、後ろに跳び、両足で着地します。
④ 跳んだ距離が長い人が勝ちです。

ワンポイント！

学年や体格等に応じて、鉄棒の高さに配慮して活動を行いましょう。逆さまの姿勢（こうもりぶら下がりの状態）から体を振って跳び、着地することもできるようになります。下が固い場所では、マットを敷く等、安全面にも気をつけましょう。

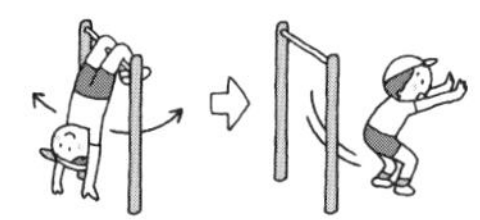

065 鉄棒リレー

人数 大勢　場所 鉄棒　時間 10分　準備物 なし

めあて

仲間とともに、楽しく鉄棒の技を身につけることができます。

タイミング

体育の授業における準備運動や、メインの活動として行います。

進め方（遊び方）

① 同じ人数のグループをいくつかつくります。
② 鉄棒から10mほどの距離をとり、１列に並びます。
③ 先頭から順に鉄棒まで走っていき、決められた技をします。
④ リレー形式で、次の人に交代していき、全員が終われば終了です。

ワンポイント！

技の習得状況に応じて、行う技を決めていきましょう。全員ができる技で行うのもよいですし、いくつかの技をみんなで分担するのもよいでしょう。急ぐあまり、技が雑になり、けがも起こりがちです。下にマットを敷く等、安全面の配慮は十分に行いましょう。

器械運動

066 なかまと連続馬跳び

人数 5～6人　場所 体育館　時間 10分　準備物 なし

めあて

手で体を支え、かがんだ姿勢になった友だちを開脚跳びで跳びこえることができるようになります。

タイミング

器械運動に取り組むときの準備運動として行います。特にとび箱運動の感覚づくりの運動として適しています。

進め方（遊び方）

① １グループ５～６人のチームをつくります。
② 跳ぶ役を決めます。
③ １人の跳び役以外は馬（かがんだ姿勢）になります。
④ その馬に手をつき跳びこえます。
⑤ 制限時間内に何回馬を跳びこえられたかを競います。

だんご

足首

ひざ

ワンポイント！

学年に応じて、馬の組み方を変えてみましょう。（上のイラスト参照）
しっかり手をついて、腕で支えて跳ぶ感覚を養います。跳び終えたら馬になっていくリレー形式も楽しいでしょう。
体格差があまりに大きいとけがにつながる可能性もあるので、グループ分けには注意が必要です。

067 アレンジ① 仲間と大馬跳び

人数を増やして行うアレンジです。

① １人の馬を跳びます。

② 跳べたら、もう１人くっついて馬になります。

③ ２人、３人と馬の数を増やしていって何人まで跳べるのかにチャレンジします。

ワンポイント

高学年での実施がのぞましいでしょう。

教師の目

人数が増えることで、より強く手をつき、足を踏み切る必要が出てきます。また正しい空中姿勢をキープできないと着地のときに危険も伴います。何人目に手をつけばよいのかも工夫できるでしょう。上達すれば、066と067を合わせて、みんなで連続大馬跳びにもチャレンジしてみましょう。

068 ピタッと着地

人数 1人　場所 どこでも　時間 15分　準備物 とび箱等

めあて

高いところから飛び降りて、全身でバランスをとり安全にピタッと着地ができるようになります。

タイミング

とび箱運動に取り組むときの準備運動や、休み時間等のアクティビティとして行います。

進め方（遊び方）

① とび箱やポートボール台等、高いところにのぼります。
② フープや地面に描いた円めがけて飛び降ります。
③ 円の中で動かずにピタッと着地できれば成功です。
④ 的を遠くしていきます。誰が1番遠くでピタッと着地できるかを競います。

ワンポイント！

安全な着地は、とび箱運動のみならず、はば跳びや高跳び等でも、必要な技能となります。ひざの使い方、バランスのとり方がポイントです。「音を立てずに」「忍者のように」といった声かけが有効です。

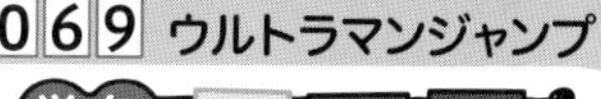

069 ウルトラマンジャンプ

人数 1人　場所 体育館　時間 15分　準備物 セーフティーマット

めあて

助走の勢いをころさず、両足踏み切りをして跳ぶことができるようになります。

タイミング

とび箱の準備運動として行います。

進め方（遊び方）

① 助走距離をしっかりとります。

② セーフティーマットに向かって、勢いよく走りこみます。

③ セーフティーマットに、ウルトラマンのポーズのまま飛び込みます。高さと美しさを見合います。

ワンポイント！

大きな開脚跳びや抱え込み跳び、伸脚跳び等では、しっかり踏み切ったあとの空中姿勢が重要なポイントになってきます。怖さも生じる場面です。このウルトラマンジャンプを楽しく行うことにより、自然とその恐怖心を取り除いていきます。

070 平均台どんじゃん

人数 10人程度　場所 どこでも　時間 15分　準備物 平均台

めあて

平均台の上を、バランスをとりながら進むことができるようになります。

タイミング

器械運動に取り組むときの準備運動や、レクリエーションの時間に行います。

進め方（遊び方）

① １グループ10人のチームをつくります。

② ２チームが、平均台の各両端に１列に並びます。

③ 教師の「よういどん」の合図で、両側から１人ずつ平均台の上を進んでいきます。

④ ２人が出会ったところでじゃんけんをします。

⑤ 勝った人はそのまま進み、負けた人はその場で降りて、次の人がスタートします。平均台の反対の端までたどり着いたチームの勝ちです。

ワンポイント！

子どもたちはだんだんテンションが上がってきます。勢いあまってぶつからないように注意しましょう。また落ちたときにけがしないように周囲の安全には十分配慮しましょう。

071 アレンジ① とび箱どんじゃん

体育館でとび箱を準備して行います。

②③④⑤をアレンジします。

② 2チームに分け、とび箱の各両端に1列に並びます。

③ 教師の「よういどん」の合図で、足を開いた状態のままお尻でとび箱上を進んでいきます。

④ 出会ったところでじゃんけんをします。

⑤ 勝った人はそのまま進み、負けた人はその場で降りて、次の人がスタートします。とび箱の反対の端までたどり着いたチームの勝ちです。

教師の目

腕をしっかりと張り、自体重がのっていることを実感することができます。速く進むためには、腕をつかって、大きく前に進む必要があります。上達してくると一瞬空中に浮いて、跳ねるように前進することができるようになります。とび箱の切り返し系の技につながります。どちらも勢いあまって頭同士がぶつからないようには注意しましょう。また落ちたときにけがしないように周囲の安全にも十分配慮して行いましょう。

Q&A

Q：体育のときの集合のさせ方、並ばせ方のコツってありますか？

A：用途に応じて並び方を変えてみましょう。
　私は、次の基本の３つの集合方法を使い分けています。

① **整列集合**（笛の吹き方 例　ピーー、ピピピー）
定位置で、しっかり集合してお話しするときに使います。

② **即時集合**（笛の吹き方 例　ピピピッ）
教師のところに即座に集まります。

③ **即時注目**（笛の吹き方 例　ピッ）
今いる場所から教師の方に注目します。

何のために集合し、並んでいるのか、子どもたち自身に理解させることが大切です。学年のスタート時には、ゲーム等を取り入れて何度もくり返し行い、すばやくできるようにしておきましょう。

Q：子どもが待ち時間を持て余しています。どうしたらいいですか？

A：学習の流れを想定して、「待っているだけの時間」にしない心がけをしましょう。
　そのために、次の活動を事前に設定しておくと有効です。

① **動きのチェックやビデオ撮影をする**（ペア、グループ等）
② **作戦タイムや練習タイムとする**（個人、グループ等）
③ **学習カードを準備して記入する時間とする**（個人、グループ等）

ついつい体を動かす場面ばかりに頭がいきがちです。もちろん、効率よく学習を行い、待ち時間を減らす努力は必要です。しかし、数や空間には限りがあります。どうしても「待っている時間」は生まれてしまいます。その時間を「待っているだけの時間」にしないように心がけ、待ち時間も有効な活動時間になるようにしてみてください。

第3章

水泳運動

072 水中じゃんけん！

人数 ペア　場所 プール　時間 5分　準備物 なし

めあて

水に対する怖さをなくし、仲間とともに楽しく活動することができるようになります。

タイミング

水泳運動に取り組むときの準備運動として行います。

進め方（遊び方）

① プールに入り、ペア（2人組）で向き合った状態で立ちます。

② 教師の「じゃんけんぽん」の合図で、足でじゃんけんを表します。
両足をくっつけてグー、足を前後に広げてチョキ、足を左右に広げてパー

③ 勝った回数を数えて競います。

ワンポイント！

「負けた人はお地蔵さんになって、勝った人からたくさんの水をかけられてください！」等のちょっとしたアレンジを加えることで、さらに盛り上がります。

073 アレンジ① もぐってじゃんけん！

②をアレンジします。

② 教師の「じゃんけんぽん」のかけ声の後に、水中にもぐり、手でグー、チョキ、パーを表します。

074 アレンジ② もぐってじゃんけん！体バージョン

②をアレンジします。

② 教師の「じゃんけんぽん」のかけ声の後に、水中にもぐり、体でグー、チョキ、パーを表します。

075 アレンジ③ もぐってじゃんけん！顔バージョン

②をアレンジします。

② 教師の「じゃんけんぽん」のかけ声の後に、水中にもぐり、表情でグー、チョキ、パーを表します。

ワンポイント

グー、チョキ、パーをペアで相談して決めさせてもよいでしょう。

076 アレンジ④ 退化じゃんけん

①②③をアレンジします。

① 水中を自由に歩き回ります。泳いでもOKです！

② じゃんけんをする相手を見つけて、その場でじゃんけんをします。

③ じゃんけんに負ける度に「犬」→「カエル」→「魚」となっていきます。勝てば反対方向へ進化していきます。
犬（ずっと顔が水から出ている）、カエル（ジャンプしながら水中と外を行ったりきたり）、魚（基本、水中を泳ぐ）

教師の目

「水泳の授業がきらい」という子どもは、意外にも多いものです。子どもたちが楽しめる活動を積極的に取り入れて、まずは「プールは好き」の子どもたちを育てましょう。

077 The 競走

人数 2～20人 場所 プール 時間 5分 準備物 なし

めあて

仲間との競走を楽しみながら、地上とは違う水の抵抗を感じることができます。手でかいて進む等、泳ぎの基礎となる動きを自然と身につけることができるようになります。

タイミング

高学年：水泳運動に取り組むときの準備運動として行います。
低・中学年：水泳運動のメインの活動として行います。

進め方（遊び方）

① プールの壁に沿って、横１列に並びます。
② 教師の「よういどん」の合図で、ダッシュします。
③ 対面のプールの壁に１番早くタッチできた人の勝ちです。

ワンポイント！

特に低・中学年にオススメです。水の中を歩いたり、走ったりするのはとても大変。その大変さを払拭するためには……と考えさせて、泳ぐ必要性を感じ、水泳に対する主体性を持たせましょう。
後ろ向きやカニさん等、いろいろな体勢で行うのも楽しいでしょう。

078 アレンジ① 電車走

①②をアレンジします。

① 3人1列となって、前の人の肩を持ち「電車」になります。

② 教師の「よういどん」の合図で、ダッシュします。そのとき、3人が離れないようにしましょう。

079 アレンジ② なりきり走

②③をアレンジします。

② 教師がスタート前に「トラになって…」等のお題を与えます。

③ 教師の「よういどん」の合図で、出されたお題になりきってダッシュします。

080 アレンジ③ おんぶ走

①をアレンジします。

① ペア（2人組）になり、「おんぶ」の状態で待ちます。

081 アレンジ④ 制限しながら走

②をアレンジし、③を追加します。

② 教師がスタート前に「バタ足禁止のクロール」等の動きに制限をかけたお題を与えます。

③ 教師の「よういどん」の合図で、出されたお題に合わせた動きで競走します。

「競走」はどの領域においても、子どもがつい夢中になってしまう鉄板ネタです。「競う」より「楽しむ」気持ちを抱かせるために順位づけはやめましょう。電車やおんぶは、異性との取り組みに抵抗がある子が出ます。実態に合わせ組み合わせに配慮しましょう。

082 ひろって！

人数 2～50人　場所 プール　時間 5分　準備物 玉

めあて

水中にもぐったり、泳いだりすることができるようになります。

タイミング

水泳運動の授業の最初や最後に行います。

進め方（遊び方）

① プールの壁に沿って、横１列に並びます。

② 教師の「よういどん」の合図で、水中にある玉を拾います。

③ 制限時間内に１番多く玉を拾った人の勝ちです。

ワンポイント！

低・中・高学年、いずれの学年においても盛り上がる水泳の鉄板ネタです。玉をまくときに、泳ぐことが苦手な子どもの近くにばらまいてあげる等の配慮をしましょう。プールに入る人数は、安全面から50人程度までがよいでしょう。

083 アレンジ① 足でつかめ！

②をアレンジします。

② 教師の「よういどん」の合図で、水中にある玉を足だけで拾います。

ワンポイント

まだ泳ぐことができない子どもが多い低学年向きのゲームです。

084 アレンジ② 宝を探せ！

②③をアレンジし、④を追加します。

② 教師が宝となる玉の色を紹介します。

③ 教師の「よういどん」の合図で、水中にある玉を拾いに行きます。

④ 制限時間内に宝の玉を１番多く拾った人の勝ちです。

085 アレンジ③ チーム対抗戦

①③をアレンジします。

① ２チームに分かれ、それぞれ向かい合い、プールの壁に沿って、横１列に並びます。

③ 制限時間内に１番多く玉を拾ったチームの勝ちです。

ワンポイント

１度にたくさんの子どもをプールに入れるのは危険ですので、様子を見てプールに入る人数を決めましょう。

プールでは、頭がぶつからないか等の安全面はしっかりと監視しましょう。具体的には、「陸上から監視する人を２人、プールの中に１人、待機に１人」や、「子どもの声に耳をすます」「子どもの顔色に変化がないかを見る」等の配置・監視の仕方を決めておきましょう。

水泳運動

水泳運動

086 どこまでいける？

人数 1～20人　場所 プール　時間 5分　準備物 なし

めあて

仲間との競走を楽しみながら、けのびができるようになります。

タイミング

水泳運動でのクロールや平泳ぎの練習や、準備運動として行います。

進め方（遊び方）

① プールの壁にそって、横１列に並びます。

② 教師の笛の合図で、壁を蹴り、けのびをします。

③ けのびが止まった所で立ちます。

④ ②③をくり返し、記録を伸ばした人に拍手します。

ワンポイント！

たくさん進むためには、水の抵抗が少ないけのびをする必要があります。競走を取り入れることで楽しみながら、けのびを習得させ、クロールや平泳ぎの学習へとつなげていきましょう。

087 アレンジ①　ラッコ泳ぎで

②③をアレンジします。

② 教師の笛の合図で、壁を蹴り、ラッコのように仰向けで進みます。

③ 進まなくなり、止まった所で立ちます。

088 アレンジ②　回転しながら

②③をアレンジします。

② 教師の笛の合図で、その場で前転で１回転して壁を蹴り、けのびで進みます。（できない場合は、「頭まで水に入る」等、別の条件を提示してもOKです）

③ 止まった所で立ちます。

ワンポイント

回転を取り入れるときはほかのゲームの半分ぐらいの人数で行いましょう。

089 アレンジ③　２人で

①をアレンジします。

① ペア（２人組）で手をつなぎ、プールの壁に沿って、横１列に並びます。

ワンポイント　組み合わせは十分に考えたものにしましょう。

090 アレンジ④　何蹴りでいける？

④をアレンジします。

④ 止まった所から、今度は地面を蹴ってゴールを目指します。１番少ない「蹴り」の回数でゴールにたどり着いた人の勝ちです。

けのびは全ての泳ぎの基本です。けのびの大切さを、ゲームを通して感じさせます。スムーズに水面を進めるようになるまで、何度もくり返し行いましょう。

091 くぐって！

人数 2～5人　場所 プール　時間 5分　準備物 なし

めあて

水中でくぐるため、目を開ける、もぐる、泳いで進むができるようになります。

タイミング

水泳運動に取り組むときの準備運動として行います。

進め方（遊び方）

① ペア（2人組）をつくります。
② 1人が足を開いて、トンネルを作ります。
③ もう1人がもぐって、トンネルをくぐります。

ワンポイント！

高学年では自分の股下を通られることに抵抗感のある子どもが出ます。子どもの実態に合わせて、トンネルとなるものを替えて行うとよいでしょう。

092 アレンジ①　人数を増やして

①②③をアレンジします。

①　５人組をつくります。

②　４人が縦１列に並び、足を開いて、トンネルを作ります。

③　１人がもぐって、トンネルをくぐります。

ワンポイント

５人以上でも可能です。子どもの実態に合わせて、長いトンネルを設定するのもおもしろいでしょう。

093 アレンジ②　輪くぐり

フープを用意します。

②をアレンジします。

②　１人が水中にフープを入れて、トンネルを作ります。

ワンポイント

空中にフープを設定して、イルカジャンプにチャレンジしても盛り上がります。

094 アレンジ③　くぐり方コンテスト

フープを用意します。

②③をアレンジし、④を追加します。

②　１人が水中にフープを入れて、トンネルを作ります。

③　１人がもぐって、お尻からや回りながら等自分なりの方法でトンネルをくぐります。

④　審査員が評価して、最もユニークなくぐり方をした人が優勝です。

くぐるためには、息を吐いて体を水中深くに沈める必要があります。活動を通して、楽しみながら体の沈め方を習得させることを心がけましょう。また発達段階に応じて男女を別にする等の配慮が必要です。

095 ウキウキゲーム

人数 1～10人　場所 プール　時間 5分　準備物 なし

めあて

水に浮く感覚を身につけることができるようになります。

タイミング

水泳運動に取り組むときの準備運動として行います。

進め方（遊び方）

① 教師の「よういどん」の合図で、ダルマ浮きをします。

② 設定した時間まで、浮くことができれば合格です。

③ 何回か行い、記録が伸びた人に拍手します。

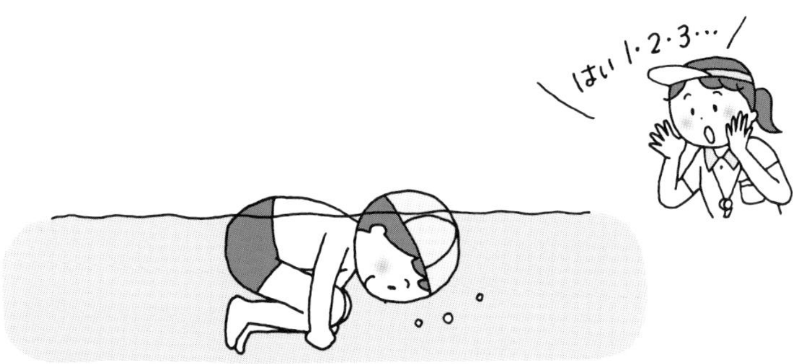

ワンポイント！

無理な時間を設定するのではなく、なるべく多くの子どもがクリアできて、やりがいを感じられる時間を設定しましょう。

096 アレンジ① 変身浮き

①②をアレンジします。

① 教師の「よういどん」の合図で、ダルマ浮きをします。

② 3秒ごとに合図を送り、浮き方を変えます。

ワンポイント

おもしろい浮き方をしている子どもがいれば、全体の場で取り上げましょう。

097 アレンジ② 2人でウキウキ

①②をアレンジします。

① ペア（2人組）をつくります。

② ペアで手をつないだ状態で、自分たちで考えた浮き方で浮きます。

098 アレンジ③ みんなでウキウキ

①②をアレンジします。

① 全員がプールに入ります。

② 教師が手を叩いた数だけの人数が集まり、手をつないで浮くことができれば合格です。

ワンポイント

慣れてくれば「仰向けになって」等の条件をつけると、さらに盛り上がります。

浮くことの楽しさだけでなく、友だちと協力したり、つながったりする楽しさに気づくことも目的となります。ペアの組み合わせを変えて、なるべく多くの友だちと関わりを持たせるようにしましょう。

水泳運動

099 プッシュ！プッシュ！

人数 ペア　場所 プール　時間 5分　準備物 なし

めあて

水に浮く感覚を身につけ、バタ足ができるようになります。

タイミング

水泳運動に取り組むときの準備運動として行います。

進め方（遊び方）

① ペア（2人組）をつくります。

② 1人がダルマ浮きになり、もう1人がダルマ浮きの人をプッシュして（押して）まりつきのようにつきます。

③ 制限時間内に何回つくことができるのかを競います。

ワンポイント！

事前に「つくときには叩いたりはせず、背中を優しく押すよう」に指示をしておきましょう。ダルマ役は、息つぎや休けいも入れて無理のないようにしましょう。

100 アレンジ① ダルマドリブル競走

②③をアレンジします。

② １人がダルマ浮きになり、もう１人がダルマ浮きの人をプッシュしてドリブルのように前に進みます。

③ １番早くゴールにたどり着いたペアの勝ちです。

ワンポイント ドリブルする側は、「走ってもよし、バタ足してもよし」と子どもが選択できるようにしておくとよいでしょう。

101 アレンジ② ビート板プッシュ（向かい合わせ）

ビート板を用意します。

②③をアレンジし、④を追加します。

② 向かい合わせの状態でお互いにビート板を持ちます。

③ 教師の「ようい」の合図でお互いに浮き、「どん」でバタ足をして押し合います。

④ 教師の「終わり」の合図のときに、中央をこえた人の勝ちです。

ワンポイント ビート板は縦よりも横にした方が安定します。

102 アレンジ③ ビート板プッシュ（同じ方向）

ビート板を用意します。

②③をアレンジし、④を追加します。

② 同じ方向を向いた状態でビート板を持ちます。

③ 教師の「ようい」の合図で互いに浮き、「どん」でバタ足をしてビート板を協力して押し進めます。

④ １番早くゴールにたどり着いたペアの勝ちです。

活動を通して楽しみながら、いろいろな姿勢で「水に浮く」ことを感じさせましょう。また、発達段階に応じて、男女別にする等の配慮が必要です。

103 みんなで伝承遊び

人数 5～20人　場所 プール　時間 5分　準備物 なし

めあて

水の抵抗を感じることができます。手でかいて進む等、泳ぎの基礎となる動きを自然と身につけることができるようになります。

タイミング

水泳運動の授業の最後に行います。

進め方（遊び方）

① オニを１人決めます。
② オニ以外の人は先にプールに入り逃げます。
③ オニは最後にプールの中に入り、追いかけます。
④ タッチされた人はプールから上がります。
⑤ 最後まで残った人の勝ちです。

ワンポイント！

低学年は泳ぐのは禁止、中・高学年はバタ足・クロールOK！等と子どもの実態に合わせてルールを作るとよいでしょう。
プール内で不規則な動きをすることになります。安全面を確保する監視はしっかり行いましょう。

104 アレンジ① だるまさんが転んだ

②③④をアレンジします。

② オニ以外の人がプールの壁に沿って並びます。

③ オニが「だるまさんが転んだ」と言います。

④ オニが言い終わってふり向いたときに動いた人は、プールから上がります。

105 アレンジ② ケンケンずもう

①②③④をアレンジします。

① ペア（２人組）をつくり、水中で向かい合って立ちます。

② 手の平同士を合わせ、片足立ちをします。

③ 「はっけよい、のこった」の合図で押し合います。

④ 両足が着いたり、体が壁に着いたりした人が負けです。

いつもは運動場でしている遊びを、プールの中で取り組むと盛り上がります。そのほかにも花いちもんめやゴム跳び等も盛り上がりますよ。

106 道具を使って

人数 5～20人 場所 プール 時間 5分 準備物 3m程度の棒

めあて

水の抵抗を感じることができます。手でかいて進む等、泳ぎの基礎となる動きを自然と身につけることができるようになります。

タイミング

水泳運動の授業の最後に行います。

進め方（遊び方）

① 教師２名が３m程度の棒の両端を持ちます。
② １人ずつリンボーダンスを行います。
③ 一巡するごとに棒の高さを下げていきます。

ワンポイント！

泳ぐと、おもしろくありません。泳ぐことは禁止しましょう。

107 アレンジ①　ビート板リバーシ

①②③をアレンジし、④を追加します。
① ２チームに分かれて、対面に位置します。
② 裏表で色のちがうビート板をプールに浮かべます。
③ 教師の「よういどん」の合図で、ビート板を自分のチームの色になるようにひっくり返していきます。
④ 制限時間内に色が多いチームが勝ちです。

教師の目

ゴムやフープ等、日頃遊びに使う道具でしてみるのも盛り上がります。

第4章

ボール運動

108 とりかごゲーム

人数 4～6人　場所 体育館・運動場　時間 10分　準備物 ボール

めあて

ボールを投げる、キャッチするができるようになります。また、「オニにさわられない」「ボールにさわる」ためにどうすればよいかを考え、動くことができるようになります。

タイミング

ボール運動に取り組むときの準備運動として行います。

進め方（遊び方）

① ５人組をつくります。
② オニを１人決めます。
③ ４人がワンバウンドでボールを回していきます。
④ ボールを回している間にオニがボールにふれたらオニの勝ち、決められた回数（約10回）を４人で回すことができれば４人の勝ちです。

ワンポイント！

間隔が広ければ広いほど、オニの子どもは大変な上に、ボールにさわることが難しくなります。４人の間隔は３m程度がよいでしょう。

109 アレンジ① キック

③をアレンジします。

③ 4人が蹴って、ボールを回していきます。

ワンポイント

ボールの空気を少し抜くと、ボールを蹴りやすく、止めやすくなります。

110 アレンジ② 叩きつけて

③をアレンジします。

③ 4人が地面にボールを叩きつけて、ワンバウンドでボールを回していきます。

ワンポイント

叩きつけやすいように大きなソフトバレーボールを用意しましょう。

教師の目

どう考えてもオニの子どもが不利な条件。長く続くと運動ぎらいになる子どもが続出……ということにもなりかねません。オニは順番で、1回のゲームを短くすることを心がけましょう。

111 ドン！

人数 4～6人　場所 体育館・運動場　時間 5分　準備物 ボール

めあて

ボールを「ねらったところに投げる」「キャッチする」ことができるようになります。

タイミング

ボール運動に取り組むときの準備運動として行います。

進め方（遊び方）

① ５人組をつくります。
② 壁の前に５人が１列に並びます。
③ 先頭の人が壁に向かってボールを投げ、はね返ってきたボールを次の人がボールを捕って投げます。
④ ボールを捕り損ねたり、壁にボールを当てられなかったらアウトです。
⑤ 最後の人まで捕れたら成功です。

ワンポイント！

投げる範囲を決めた方が、ボールが跳ね返ってくる方向が予想しやすく、ゲームが続くので盛り上がります。

112 アレンジ① 指名バージョン

③④をアレンジします。

③ 先頭の人がはね返ったボールを捕ってほしい人の名前を呼んでからボールを壁に向かって投げます。

④ はね返ってきたボールを指名された人が捕って、次に捕ってほしい人の名前を呼んで投げます。

ワンポイント 名前は必ず投げる前に言うように指導しましょう。

113 アレンジ② バスケットゴールバージョン

②③をアレンジします。

② バスケットゴールの前に５人が１列に並びます。

③ 先頭の人がバスケットゴールに向かってボールを投げ、はね返ってきたボールを次の人がボールを捕り、同じように投げます。

114 アレンジ③ 指名＆バスケットゴールバージョン

②③④をアレンジします。

② バスケットゴールの前に５人が１列に並びます。

③ 先頭の人がはね返った後に捕ってほしい人の名前を呼んでから、バスケットゴールに向かってボールを投げます。

④ はね返ったボールを指名された人が捕って、同じように投げます。

ワンポイント

順番にボールを捕るよりも難しいです。子どもの実態に応じて「ワンバウンドまでOK！」等のルールを加えましょう。

お題を「何回続けられるか」に変えると相手が捕りやすいボールはどんなボールなのかを考え、ボールをコントロールする力や調整力が育まれます。

115 キャッチ！

人数 何人でも　場所 運動場・体育館　時間 5分　準備物 ボール

めあて

ボールを「高く投げる」「落ちてくるボールをキャッチする」ことができるようになります。

タイミング

ボール運動に取り組むときの準備運動として行います。

進め方（遊び方）

① ボールを上に高く投げます。

② 落ちてくるボールをキャッチするまでに、拍手をします。

③ ①②をくり返し、拍手の数の自己最高記録をめざします。

116 アレンジ① 背中キャッチ

②③をアレンジします。

② 落ちてくるボールを背中側でキャッチします。
キャッチすることができればオッケーです。

③ 成功するまで、①②をくり返します。

ワンポイント

有名なプロ野球選手を言って、子どもたちを盛り上げましょう。

117 アレンジ② 回転キャッチ

②③をアレンジします。

② 落ちてくるボールを回転しながらキャッチします。
キャッチすることができればオッケーです。

③ 成功するまで、①②をくり返します。

ワンポイント

有名なフィギュア選手を言って、子どもたちを盛り上げましょう。

118 アレンジ③ 指名キャッチ

①②③をアレンジし、④⑤⑥を追加します。

① １グループ５～６人のチームをつくります。

② ボールを最初に投げる人を決めます。

③ ボールを上に高く投げます。

④ 投げた人は、相手か自分の名前を言います。

⑤ 名前を言われた人がそのボールを捕ります。（自分なら自分）

⑥ ③～⑤をくり返します。

115→116→117→118とスモールステップをふんでいきましょう。ボールを恐がる子に対して「ボールは怖くないですよ！がんばれ！」といった根性論ではなく、柔らかいボールを使って、ボールを捕る・投げることができる成功体験を積ませてあげることから始めましょう。

ボール運動

119 ホールインワンゲーム

人数 ペア　場所 運動場　時間 5～10分　準備物 ボール、バット

めあて

ボールをねらったところへ投げる、打つことができるようになります。

タイミング

ボール運動に取り組むときの準備運動として行います。レクリエーションで取り組んでも盛り上がります。

進め方（遊び方）

① ペア（2人組）をつくります。
② 相手が投げたボールをバットで打ちます。
③ 10m先の的（穴でも可）に入れば成功です。
④ 制限時間内に、何回入るか挑戦します。

ワンポイント！

学年や実態に応じて的の大きさや、的までの距離は調整しましょう。

120 アレンジ①　投げてホールインワンゲーム！

②③をアレンジします。

② ドッジボールを投げます。

③ 20m 先の的（穴でも可）に入れば成功です。

ワンポイント

1人は投げる人、もう1人はボールを拾う人と役割分担をして、取り組みましょう。

121 アレンジ②　蹴ってホールインワンゲーム！

②③をアレンジします。

② ドッジボールを蹴ります。

③ 20m 先の的（穴でも可）に入れば成功です。

122 アレンジ③　50mバージョン

③④をアレンジし、⑤を追加します。

③ ボールが転がったところまでいきます。

④ その場所から再び相手が投げたボールをバットで打ちます。

⑤ ③④をくり返し、50m 先の的（穴でも可）に何回で入るか挑戦します。

ボール運動が苦手な子もいます。子どもたちの実態に応じて5m、10mと距離を変えたり、子どもたち自身に選択させたりしても有効です。

123 キャッチボール

人数 ペア　場所 運動場　時間 5分　準備物 ボール

めあて

ボールを「遠くへ投げる」「キャッチする」ことができるようになります。

タイミング

ボール運動に取り組むときの準備運動として行います。

進め方（遊び方）

① ペア（２人組）をつくります。
② 間隔が３ｍになるように広がります。
③ お互いにボールを投げ、キャッチします。
　１回ずつキャッチできたら、お互いに後ろに１歩さがります。
④ どこまで間隔を広げられるかを挑戦します。

ワンポイント！

ボールを捕る・投げることができる成功体験を積ませましょう。失敗をしても何度も挑戦させます。失敗したら、元の位置からやり直しといったプレッシャーがかかるルールを追加しても盛り上がります。

124 アレンジ①　利き手と反対で

③をアレンジします。

③　お互いにボールを利き手と反対の手で投げ、キャッチします。
　１回ずつキャッチできたら、お互いに後ろに１歩さがります。

ワンポイント

123より難しさが増します。失敗をしても何度も挑戦させていきます。

125 アレンジ②　早さを競え

③④をアレンジします。

③　お互いにボールを投げ、キャッチします。
　（間隔は広げません）

④　制限時間内で何回キャッチボールができるのかを挑戦します。

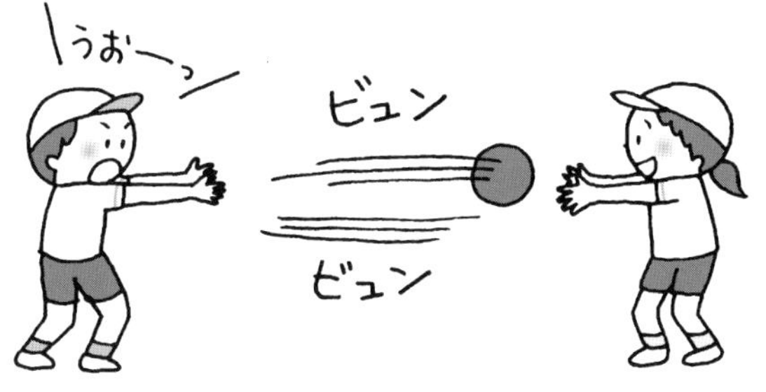

123→124→125とスモールステップで取り組んでいくのではなく、時間によって123、124、125の中から選択して取り組んでいくことで、飽きることなくアクティビティに取り組み、ボールに関わる技能を高めることができます。

126 かっとばせゲーム

人数 5人　場所 運動場　時間 10分　準備物 バット・ボール

めあて

ベースボール型のゲームを通して、ボールを「投げる」「キャッチする」「打つ」ことができるようになります。

タイミング

ベースボール型ボール運動に取り組むときの準備運動として行います。

進め方（遊び方）

① ５人組をつくります。
② 投げる（ピッチャー）、打つ（バッター）、打ったボールを拾う役（３人）に分かれます。
③ バッター１人につき、ピッチャーが20球を投げます。
④ バッターはピッチャーが投げたボールを打ち返します。
⑤ 順番に役割を変えていきます。
⑥ ボールをバット に当てた合計が多いチームが勝ちです。

ワンポイント！

ゴム製のボールだとボールが飛び過ぎて、ボール拾いが大変です。新聞紙のボールやスポンジボール等の使用をオススメします。

127 アレンジ①　打席を反対で

④をアレンジします。

④　バッターは、ピッチャーが投げたボールを利き手と反対の手で打ち返します。（右打ちなら、左打ちにします）

128 アレンジ②　遠くに飛ばせ！

⑥をアレンジします。

⑥　より遠くへボールをとばした人の優勝です。

ワンポイント

ホームベースから、５ｍ間隔で白線を引いておくと記録の計測が簡単です。

129 アレンジ③　ねらった所へ飛ばせ！

②④をアレンジします。

②　投げる（ピッチャー）、打つ（バッター）、的（ターゲット）、打ったボールを拾う役（２人）に分かれます。

④　バッターは、ピッチャーが投げたボールをターゲットにめがけて打ちます。

ワンポイント

ターゲットまでの距離を変えることで、遠くに飛ばせない子やなかなか打つことができない子も楽しむことができます。

投げる側と打つ側のタイミングを合わせることがポイントです。かけ声等を使ってタイミングを合わせるように指導するとよいでしょう。
バットを使わず、手で打つことも可能です。

130 コーンリレー

人数 5～10人　場所 体育館・運動場　時間 5分　準備物 ボール、コーン

めあて

仲間との競走を楽しみながら、ボールを「ドリブルする」ことができるようになります。

タイミング

ゴール型ゲームに取り組むときの準備運動として行います。また、親子活動や異学年交流でのアクティビティとして行います。

進め方（遊び方）

① １グループ５人のチームをつくります。
② チーム毎に１列に並びます。
③ 10m先のコーンをめがけて、足でドリブルをします。
④ コーンで折り返します。
⑤ 帰りはボールを手で持って走り、次の走者へバトンタッチします。
⑥ ③～⑤をくり返し、最後の走者が１番早く帰ってきたチームの勝ちです。

いけ～
がんばれ～
おいつくぞ

ワンポイント！

ゲームに慣れてくると、子どもたちは最短コースを走ろうとするためコーンを倒してしまう機会が増えます。教師はコーンをすぐに起こせるようにコーンの側にいるようにしましょう。またゴール付近が混雑し、順位の判断が難しくなる場合があります。ゴールしたチームは必ず全員を座らせるようにしましょう。

131 アレンジ①　ボールパスリレー

②③をアレンジします。

② 5人（程度）が1列に並びます。

③ 10m先のコーンをめがけてペアでボールをパスしながら走ります。

ワンポイント

ボールを捕り損ねた場合は、捕り損ねた地点に戻って再スタートさせましょう。

132 アレンジ②　ボールはじきリレー

②③をアレンジします。

② 5人（程度）が1列に並びます。

③ 10m先のコーンをめがけてペアでボールを手でつきながら走ります。

133 アレンジ③　ボール蹴りリレー

①②③をアレンジします。

① 1グループ6人のチームをつくります。

② チームでペア（2人組）をつくり1列に並びます。

③ 10m先のコーンをめがけてペアでボールを蹴ってパスしながら走ります。

ワンポイント

ボールの空気を少し抜いてあげることで転がりにくくなり、ボールを操作しやすくなります。

「勝ちたい」という気持ちが前面に出るため、ボール操作が雑になってしまいがちです。チーム毎にタイムを計測し、他チームとの比較だけでなく、自チームの成長に目がいくように声かけをしていきましょう。

134 トントンゲーム

人数 1人　場所 体育館・運動場　時間 5分　準備物 バスケットボール

めあて

バスケットボールのドリブルにつながる「手でボールをつく」ことができるようになります。

タイミング

ゴール型ゲームに取り組むときの準備運動として行います。

進め方（遊び方）

① 1人に1つバスケットボールを用意します。
② 教師の「よういどん」の合図で、その場でボールをつきます。
③ 1分間に何回ボールをつくことができるかを競います。

ワンポイント！

低学年ではボールを強くつくという感覚を育みたいので、「腰の高さになるようにはじこう」等と基準を示してあげるとよいでしょう。

135 アレンジ① ボールを２個で

①②をアレンジします。

① １人に２つバスケットボールを用意し両手に持ちます。

② 教師の「よういどん」の合図で、その場で左手と右手で交互にボールをつきます。

ワンポイント

競い合わせると、焦ってしまいなかなか上達しません。できるようになるまでは競い合わせず、楽しむことに指導の重きをおきましょう。

１人ひとりにボールにふれる回数を保障することが、ボール運動の技能向上を図る上で大切なことです。ボール運動に取り組むときには、可能な限り、１人に１つのボールがある環境を用意してあげるとよいでしょう。

136 的当てゲーム

人数 5人　場所 体育館・運動場　時間 2分　準備物 ボール

めあて

ボールをねらったところへ投げる技能を身につけることができます。

タイミング

ボール運動の準備運動として行います。

進め方（遊び方）

① １グループ５人のチームをつくります。

② 的を決めます。
（体育館ならバスケットゴール、運動場なら壁を利用できます）

③ 教師の「スタート」の合図で、的にめがけてボールを投げます。
（低学年は３ｍ、中学年は５ｍ、高学年は７ｍあたりから）

④ ボールが的に当たれば成功です。

⑤ 制限時間内に、的に当てた数が多いチームが勝ちです。

ワンポイント！

的までの距離をレベルごとに設定し、子どもが選ぶことができるようにすると、より一層盛り上がります。

137 アレンジ① 転がして

②③をアレンジします。

② ボウリングのようにピン（的）を並べます。

③ 教師の「スタート」の合図で、ピン（的）にめがけて、ボールを転がします。

ワンポイント

ペア（２人組）やチームをつくって、倒したピンの合計数を競い合ってもおもしろいでしょう。

138 アレンジ② いろんな投げ方で

③④をアレンジし、⑤を削除します。

③ 制限時間内にオーバースロー→サイドスロー→アンダースローでボールを的に投げます。

④ すべての投げ方で、ボールが的に当たれば成功です。

139 アレンジ③ アタックして

②③④⑤をアレンジします。

② ５人が縦１列に並びます。

③ 地面にフープ（的）を置き、先頭の人が的にめがけてボールを叩きつけ（アタック）、高くバウンドさせます。

④ 次の人は、はね返ってきたボールを２バウンド以内に的にめがけて叩きつけ、高くバウンドさせます。

⑤ ③④をくり返し、制限時間内に１番多く的にボールを叩きつけたチームの勝ちです。

教師の目

的は設置してある物を利用するか、コーン等の簡単に用意できる物で取り組むと片付けにも時間がかからず、準備運動にもってこいのゲームになります。

140 しっぽとり

人数 何人でも　場所 体育館・運動場　時間 5分　準備物 はちまき（しっぽ）

めあて

決められたスペースの中で、走る、よけるがすばやくできるようになります。

タイミング

ボール運動や陸上運動のときの準備運動として行います。また、親子活動や異学年交流でのアクティビティとして行います。

進め方（遊び方）

① ズボンに、はちまき（しっぽ）をはさみます。

② コート（走る範囲）を決めます。

③ 教師の「よういどん」の合図で、自分のはちまきを取られないように、友だちのしっぽを取りにいきます。

④ 自分のはちまきが取られたら、外に出ます。

⑤ 制限時間内に、はちまきをたくさん持っていた人の勝ちです。

ワンポイント！

ズボンから出るはちまき（しっぽ）の長さは、全員が一定になるように事前に説明しておきましょう。

141 アレンジ① 取ったしっぽを再利用

④をアレンジします。

④ 相手のはちまきを取ったら、自分のズボンに入れます。
取られた人は外に出ず、しっぽとりを続けます。

142 アレンジ② 色によって得点が違う

④⑤をアレンジし、⑥を追加します。

④ 相手のはちまきを取ったら、自分のズボンに入れます。
取られた人は外に出ず、しっぽとりを続けます。

⑤ 制限時間終了後に教師は、はちまきの色の点数を発表します。
(赤３点、青２点、黄１点等)

⑥ １番得点の高い人の勝ちです。

ワンポイント

色による得点の差が大きいと少ない本数の子どもでも勝つ可能性が出てくるので、盛り上がります。

143 アレンジ③ チームしっぽとり

①③④をアレンジします。

① チームに分かれ、チーム毎にちがう色のはちまきをつけます。

③ 教師の「よういどん」の合図で、自分のはちまきを取られないように、自分とちがう色のはちまきを取りにいきます。

④ 相手のはちまきを取ったら、自分のズボンに入れます。
取られた人は外に出ず、相手のはちまきを取りに行きます。

はちまき（しっぽ）を取ったり、取られたりするドキドキ感がゲームの醍醐味です。範囲を広げるとドキドキを味わう回数が減ってしまいます。子どもの実態に応じた適切な範囲に設定して、取り組むとよいでしょう。

144 かご入れ

人数 何人でも　場所 体育館・運動場　時間 5分　準備物 紅白玉、かご（設置用、持ち運び用）

めあて

的が不規則に動くため、向きと力加減を考えながらボールを投げることができるようになります。

タイミング

運動会の種目として行ったり、ボール運動に取り組むときの準備運動や、異学年交流のアクティビティとして行います。

進め方（遊び方）

① ２つのコートを用意します。（赤と白で分けるため）

② それぞれにかご（設置用）と、玉（紅白玉）を用意します。

③ 教師の「よういどん」の合図で、自分のチームのかごに玉を入れていきます。

④ 制限時間内に、かごの中に玉を多く入れたチームの勝ちです。

ワンポイント！

子どもの発達段階に合わせてかごの高さを変えるとよいでしょう。

145 アレンジ① 逃げろ！

①②③をアレンジします。

① 走る範囲を決めます。

② 赤白２チームに分かれ、それぞれにオニを１人決め、オニはかご（持ち運び用）を背負います。

③ 教師の「よういどん」の合図で、オニはかごに玉を入れられないように逃げます。
オニ以外の人は、相手チームのオニを追いかけてかごにめがけて玉を投げます。

ワンポイント

興奮して、オニめがけて玉を投げる子どもがいます。そういった子どもがいないかどうかをしっかりと見ておきましょう。

投力と走力を１度につけることができるお得なゲームです。逃げる、投げるドキドキ感が楽しいゲームですが、範囲がせまいとぶつかったり、玉が体や顔に当たったりする確率が高くなります。クラスの実態に合わせて適切な範囲を見極めて取り組むとよいでしょう。

Q&A

Q：子どものけがが心配です。
　けががおこらないようにするには、どうすればよいでしょうか？

A：けが防止のために、次の３つのポイントを意識して授業をしましょう。

①　動線をつくる

実技中のけがはもちろんですが、「子どもの動線がぐちゃぐちゃ」で、ぶつかったり、転倒したりでけがをするといったケースは意外と多いものです。

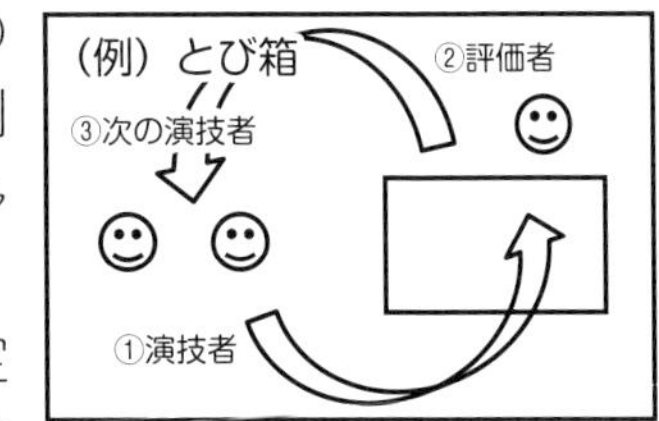

指導のときは、グループの活動場所を固定し、図のような動線を考え、子どもたちが交差しない場づくりを心がけましょう。

②　コート内の人数を減らす

例えばバスケットボール。

狭いコートの中で５人対５人のゲーム中、１つのボールを２人が追い、ゴツン！

すごい勢いのボールが鼻に当たり、鼻血……。
といったことが起こります。

コート内の人数を減らしましょう。視界が改善されることで、けがの確率はグッと下がります。また、１人ひとりのプレー機会も増えて、技能面での向上も期待できます。

③　個の技能を把握する

「これぐらい、できるだろう」という教師の過信がけがを引き起こします。

まずは、全員が安心して取り組める場（ハードル走なら小型ハードルから始める、台上前転ならば前転から始める等）で、個の技能をしっかりと把握しましょう。

その上で、単元の目標を設定し、授業を進めるようにします。

第5章

表現運動

146 どこでもスキップ！

人数 1人　場所 どこでも　時間 10分　準備物 笛

めあて

スキップのリズムで、体を動かすことができるようになります。

タイミング

表現運動をはじめ、体育の授業の準備運動として行います。

進め方（遊び方）

① 軽くジョギングをします。

② 教師の笛の合図でスキップに変わります。

③ 教師の「横！」「後ろ！」等の合図で、指示された方向に向け、スキップのリズムで移動します。

ワンポイント！

何度もくり返し行うことで、スキップの「タッカ」のリズムを体で覚えていきます。笛の「ピッピ」のリズムにのってスキップしてみましょう。急に速くしたり遅くしたりとテンポを変えることで難易度も上がります。

表現運動

147 みんなでスキップ！

人数 何人でも　場所 どこでも　時間 10分　準備物 なし

めあて

仲間とともに楽しみながら、リズムよくスキップできるようになります。

タイミング

表現運動をはじめ、体育の準備運動として行います。

進め方（遊び方）

① 決められた空間の中をスキップして自由に動きます。

② すれ違った人とあいさつをしながらハイタッチします。

ワンポイント！

体のウォーミングアップとともに、心のウォーミングアップをはかります。ハイタッチ以外にも、「出会ったらグータッチや腕を組んで回る」、「体じゃんけんをして負けたら後ろにつながる」等、課題を変えるだけで、飽きずに続けることができます。音楽をかける等して、楽しい雰囲気でできるようにしましょう。

148 3点ステップ

人数 1人　場所 体育館　時間 15分　準備物 ケンステップ

めあて

リズムに合わせて、いろいろなステップを踏めるようになります。

タイミング

リズムダンスの導入時や準備運動、メインの活動として行います。

進め方（遊び方）

① ケンステップを三角形に置きます。

② 両足をのせ、リズムに合わせて、空いているケンステップに足を運んでいきます。

③ 8カウントで自分のステップを考えます。

ワンポイント！

次に足を運ぶ位置が示されているので、動きがつくりやすいです。「足を出す、戻す」のほかに、ジャンプするように同時に両足を動かすのもよいでしょう。音楽をかけたり、みんなでリズムをカウントしたりして、楽しい雰囲気で行います。ケンステップの置き方を四角形にするとさらに動きのバリエーションが広がります。

149 アレンジ① 5点ステップ

①をアレンジします。

① ケンステップをサイコロの5のように置きます。

ワンポイント 慣れてきたら、手の動きもつけてみましょう。

150 アレンジ② まねっこステップ

①②③をアレンジします。

① ケンステップを置き、お互いに向かい合います。

② 1人がリズムに合わせて、ステップを踏み、もう1人はそのステップを真似します。

③ 交互にステップを踏み合います。

ワンポイント

これまでにマスターしたステップを披露し合うとともに、動きを広げていくことにつながります。とっておきのステップを見せ合うダンスバトルにしても盛り上がります。

教師の目

いきなり「ステップを踏もう」と言ってもむずかしいですが、目印があることで足の運びもスムーズになります。ケンステップがなければ、テープ等で印をつけてもよいですね。

151 ○○体操

人数 何人でも　場所 どこでも　時間 10分　準備物 なし

めあて

体の部位を意識しながら、運動できるようになります。

タイミング

体育の授業の準備運動、整理運動として行います。

進め方（遊び方）

① 1グループ5～6人のチームをつくります。

② 8カウントのリズムに合わせて、1人1つずつ体操をつくります。

③ それぞれの体操を合わせて、1つの体操にします。最後はみんなでネーミングを考えます。

ワンポイント！

いつも決まった体操では飽きてしまいます。また、どんどんいい加減にもなっていきます。この動きは何のためにするのか考えながら、自分たちのオリジナル体操をつくってみましょう。コミカルな動きも出てくると、盛り上がります。

152 ジェスチャーしりとり

人数 5～6人　場所 どこでも　時間 15分　準備物 なし

めあて

イメージしたことを、体を使って即興で表現できるようになります。

タイミング

表現運動の準備運動やレクリエーションとして行います。

進め方（遊び方）

① 1グループ5～6人のチームをつくり、チーム内で順番を決めます。

② 言葉を発することなく、ジェスチャーのみでしりとりをつないでいきます。

③ 最後の人まで回ったら、答え合わせです。何を表現していたのか発表していきます。

ワンポイント！

最初は教師のジェスチャーから始めるのもよいでしょう。あらかじめ準備した動きではなく、思ったことをすぐに表現しなくてはいけません。1人当たりの制限時間を加えるとより難易度は上がります。ジェスチャー伝言ゲーム等もおもしろいでしょう。

153 だるまさんが〇〇した

人数 何人でも　場所 広いところ　時間 15分　準備物 なし

めあて

即興で、指定された状況を表現することができるようになります。

タイミング

表現運動に取り組むときの準備運動として行います。レクリエーションや異学年交流等で行います。

進め方（遊び方）

① 「だるまさんが転んだ」と同じ要領で、オニを１人決めて、ほかの人はスタートラインに並びます。
② オニが、「だるまさんが寝転んだ」等の指示を出します。
③ オニ以外の人は、指示通りの様子を表現します。
④ うまくできていないと指摘された人は、オニにつかまります。

ワンポイント！

ほかにも、「だるまさんが怒った」「笑った」「からいものを食べた」「テストで０点とってしかられた」等、楽しい「〇〇」を考えてみましょう。

154 アレンジ① ○○さんが○○した

②をアレンジします。

② オニが「ゴリラさんが怒った」等の指示を出します。

③ オニ以外の人は、指示通りの様子を表現します。

④ うまくできていないと指摘された人は、オニにつかまります。

教師の目

ほかにもこんなお題はいかがでしょう。

「ライオンがお腹いっぱいで寝ている」「カラスが爆笑している」

「先生が怒られて泣いている」等。

回数を重ねるごとにお題もバリエーションが広がっていくでしょう。無茶なお題が出るほど笑いもおきます。

はじめは教師がオニをして、楽しいお題をたくさん出してあげましょう。

155 新聞紙になろう

人数 何人でも　場所 広いところ　時間 10分　準備物 新聞紙

めあて

目で見た状況をイメージして、即興で身体表現することができるようになります。

タイミング

表現運動に取り組むときの準備運動として、ちょっとした空き時間のレクリエーションとして行います。

進め方（遊び方）

① 教師（もしくは代表の人）が新聞紙を広げて持ちます。
② みんなの前で、その新聞紙を折ったり、広げたり、くしゃくしゃにしたりします。
③ 見ている人は、新聞紙の様子に合わせてイメージされる動きを表現します。

ワンポイント！

「こうでなくてはならない」という正解はありません。
声を出してもOK！自由に楽しい雰囲気で行いましょう。新聞紙以外にも、ごみ袋やヒモ等を使うのも盛り上がります。

156 アレンジ① 動物になろう

①②をアレンジします。

① 教師（もしくは代表の人）が動物を指定します。

② ほかの人は、指定された動物になりきって表現します。

ワンポイント

あざらし、かば、ぞう、ねずみ……いろいろな動物になりきってみましょう。「踊っている○○」というように設定を増やすのもおもしろいです。

157 アレンジ② 忍者になろう

①②③をアレンジします。

① 全員忍者になりきります。

② 教師が「水の中」「手裏剣」「音を立てず走る」等、忍者としての場面を設定します。

③ ほかの人は、その設定された動きをイメージして表現します。

ワンポイント

なりきるために、頭に布を被ったり、壁面に飾り付けをしたりするのもよいですね。忍者以外にも、絵本の世界や、海の中の世界等いろいろな世界を旅してみましょう。

表現運動では、はずかしさをなくすことが大切です。いろいろな設定で行うことにより、表現すること自体に慣れるようにしていきましょう。

表現運動

158 おしり文字

人数 何人でも　場所 どこでも　時間 10分　準備物 なし

めあて

体を大きく使って、表現することができるようになります。

タイミング

表現運動の準備運動や、親子活動、レクリエーションとして行います。

進め方（遊び方）

① 教師（もしくは代表の人）が１人指名し、お題を伝えます。（もしくは、出題者が考えます）

② 指名された人は、おしりをつかって、文字（言葉）を表現します。

③ 見ている人たちにうまく伝わればOKです。

ワンポイント！

ひらがなのみならず、カタカナ、漢字、アルファベット等、学年に応じてお題を変化させてみましょう。罰ゲームとして行われがちですが、伝わる喜びを感じられる活動になります。おしり以外にも、頭やひじ、ひざ等で行うのも盛り上がります。

159 アレンジ① ひと文字

①②③をアレンジし、④を追加します。

① 数名でチームになって行います。

② お題を出します。（もしくは、出題者が考えます）

③ １人が、全身をつかってお題（言葉）を表現します。

④ 見ている人たちにうまく伝わればOKです。

ワンポイント

チームで表現するとみんなでワイワイと盛り上がります。１つの画数の多い漢字を表現してみたり、文字を分担して表現したりとお題の出し方は、工夫できるでしょう。また帽子や棒等の道具の使用を認めることで、表現できる文字も増えていきます。

ゲーム形式で行うことで、抵抗感をなくします。うまく伝わらなくてもOKとし、とにかく楽しく行える雰囲気を大切にしましょう。

表現運動

160 エアスポーツ

人数 何人でも　場所 広いところ　時間 10分　準備物 なし

めあて

全身をつかって、即興で身体表現することができるようになります。

タイミング

表現運動に取り組むときの準備運動やメインの活動、ちょっとした空き時間のレクリエーションとして行います。

進め方（遊び方）

① 教師が１人指名し、スポーツを指定します。

② 指名された人は、指定されたスポーツの１場面をイメージして、即興で表現します。

③ 見ている人たちは、どんな場面なのかを当てます。

ワンポイント！

テニス、野球、サッカー、やり投げ、柔道……楽しくスポーツを表現してみましょう。勝ったとき、負けたとき、最高のプレーをしたとき等、表現者が設定を加えることで、表現の幅も広がります。

161 アレンジ①　エアバトル

①②をアレンジします。

① ペア（２人組）をつくります。

② 攻撃する人と防ぐ人を交互に行い、エアで戦います。

ワンポイント

自由にバトルするのに加えて、ボクシングや空手等、競技を指定してもよいでしょう。動きを合わせてグループでのバトルも盛り上がります。

162 アレンジ②　エア遊園地

①②③をアレンジし、④を追加します。

① ４～５人のグループをつくります。

② 「遊園地に出かける」という設定にします。

③ 先頭の人が、いろいろな乗り物に乗り始めます。

④ ほかの人は、その設定された動きをイメージして表現します。

ワンポイント

メリーゴーランド、ジェットコースター、お化け屋敷……。遊園地は楽しいことがいっぱいです。行った気分になって、みんなで楽しみましょう！また、遊園地らしい音楽をかけて、雰囲気を演出しましょう。

163 ビデオ再生

人数 何人でも　場所 広いところ　時間 10分　準備物 なし

めあて

テンポを変えたり、巻き戻したりして踊ることができるようになります。

タイミング

表現運動に取り組むときの準備運動や、メイン活動として行います。

進め方（遊び方）

① これまで学習してきたリズムダンスを踊ります。
② 教師が、ダンスの途中で「早送り」「スロー再生」「巻き戻し」の指示を出します。
③ 指示に合わせてダンスを踊ります。

ワンポイント！

これまで学んできたダンスにアクセントを加えてみましょう。音楽も指示に合わせて変えられる機器だとより効果的です。運動会のダンスの練習に取り入れることで、マンネリも打破できます。

164 アレンジ①　一時停止

②③をアレンジします。

② 教師が、ダンスの途中で「ストップ」の指示を出します。

③ 指示の瞬間に動きをピタッと止めます。

ワンポイント

教師が全体に対して、「ストップ」の指示を出してもいいですが、２チームで「ストップ」をかけ合い、ピタッと止まれたかを競い合うのも盛り上がります。

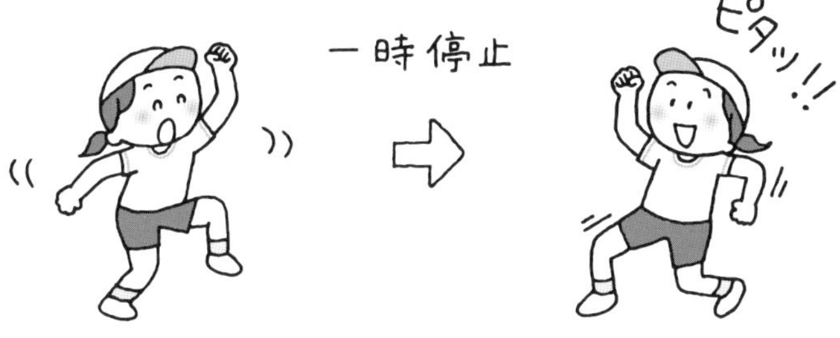

一連の動きの流れの中でストップすることで、「創作表現」にもつながります。さらにアレンジとして、自分たちのチームで１番かっこいい一時停止の場面を選んだり、あるテーマ（例えば「太陽」「喜び」等）に合った一時停止を表現したりといった活動もできます。

165 みんなでダンシング

人数 何人でも 場所 広いところ 時間 10分 準備物 音源

めあて

音楽のリズムに合わせて、体でアップ・ダウンの動きをすることができるようになります。

タイミング

表現運動に取り組むときの準備運動として行います。

進め方（遊び方）

① ある程度、人と人との距離を保ち、広がります。
② アップテンポの音楽をかけます。
③ 教師も子どもも一緒にリズムに合わせて、アップ・ダウンの動きをくり返します。

ワンポイント！

ヒップホップダンスの動画を見せるとイメージも湧くでしょう。多少ずれても問題なし！教師も思い切り踊ることで、子どもたちの恥ずかしさを払拭しましょう！

166 アレンジ① みんなで盆おどり

②③をアレンジします。

② 盆おどりに合う音楽をかけます。

③ 教師も子どもも一緒にリズムに合わせて、盆おどりの動きをくり返します。

ワンポイント

盆おどりは、みんなで円になり、同じ振り付けをくり返しながら進んでいきます。みんなで動きを合わせることが楽しいおどりです。地域の定番の盆おどりや動画等を活用しましょう。自分たちのオリジナル盆おどりを開発するのも盛り上がります。

167 アレンジ② みんなでパラパラ

②③をアレンジします。

② パラパラに合う音楽をかけます。

③ 教師も子どもも一緒にリズムに合わせて、パラパラの動きをくり返します。

ワンポイント

パラパラは、アップテンポのリズムに合わせて、みんなで同じ振り付けを踊る現代版盆おどりです。腕や手先の動きが中心となります。クラスオリジナルのパラパラを考えるのも盛り上がります。

体育で大活躍する便利ツール！

①　新聞紙ボール

小さなボールをたくさん使いたいけれど、なかなか買えない……

そんなときは、新聞紙ボールが便利です。新聞紙にスーパーボールを１個入れ、丸めて、ガムテープでとめれば、完成！　スーパーボール１個で本物のボールのような「勢い」も生まれます。

②　太鼓・タンバリン

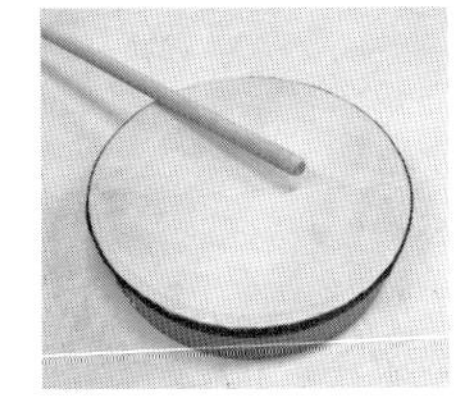

体育に『笛』は必須の道具。でも、吹きながらだとうまく声をかけてあげられない……

そんなときは、太鼓やタンバリンが便利です。子どもたちに合図を送りながら、ほめたり注意したりすることが可能になります！

③　ミニコーン

子どもたちをうまく整列させられない……

そんなときは、ミニコーンが便利です。整列以外にも、コーナーに４つ置いて簡易コート、２つ置いて簡易ゴール、一定の間隔に並べて簡易ハードルと使い方は自由自在！　とても便利なグッズです。

④　かご

たくさんの物を用意するのが大変……

そんなときは、かごが便利です。チームやグループ毎に用具をかごに用意しておけば、子どもだけでもすぐ準備ができ、片付けもスムーズになります！

⑤　作戦板

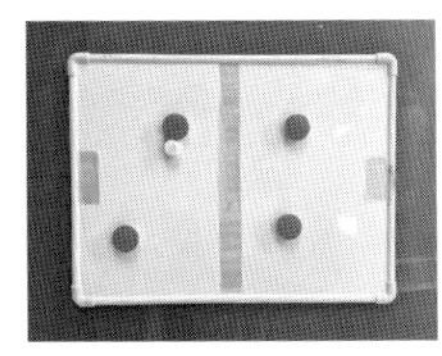

作戦や動き方をうまく説明することができない……

そんなときは、作戦板が便利です。ホワイトボードにテープを貼れば、完成！　磁石を人に見立てて動かせば、作戦や動き方がかんたんに伝わります。チームやグループ毎に用意してもいいですね。

第6章

陸上運動

168 レッツ ウォーキング！

人数 1人　場所 どこでも　時間 5分　準備物 なし

めあて

陸上運動の前に体を温めたり、体をほぐしたりけがを予防したりすることができます。

タイミング

陸上運動に取り組むときの準備運動として行います。また、レクリエーションとして取り組んでも盛り上がります。

進め方（遊び方）

① みんなで決められた範囲を歩きます。

② 教師が指示を出すと、言われた歩き方に変えます。
（例えば、「スキップ」等）

③ 「終わり」と言われるまで②を続けます。

ワンポイント！

指示を出す教師は、「スキップ」「ケンケン」「サイドステップ」等の歩き方を指定することで、歩き方のバリエーションを増やしていきましょう。

169 アレンジ①　人と動きを合わせて歩く

①をアレンジします。

①　ペア（２人組）になり、歩幅やスピード等、動きをピッタリ合わせて歩きます。

ワンポイント

２人ではなく、３～６人のグループで取り組んでもよいでしょう。

170 アレンジ②　競歩

②③をアレンジします。

②　教師の合図で、競歩で歩き始めます。

③　「終わり」と言われるまで歩き続けます。

ワンポイント

中・高学年向けアクティビティです。競歩のことを知らない子もいると思います。以下の２点を事前に説明してください。

１．どちらかの足が常に地面に接している。
２．前の足は、地面に着く瞬間に地面と垂直になるくらいまでひざを伸ばす。

競歩は意外と難しいものです。まずは１だけでスタートしてもよいでしょう。

ダラダラ歩いたり、小さく歩いたり、はりきって歩いたり、体全体を使っていろいろな歩き方を経験できるようにしましょう。

171 ダッシュ！

人数 1～4人　場所 どこでも　時間 5～10分　準備物 なし

めあて

スタートダッシュをする力を伸ばすことができます。

タイミング

陸上運動に取り組むときの準備運動として行います。

進め方（遊び方）

① 50m 走のコースのスタートラインの上に座ります。

② 教師の「よういどん」の合図で、その場から立ち、ゴールに向かって走り出します。

③ 決められたゴールまで全力で走ります。

ワンポイント！

スタートラインの上に座るだけでなく、後ろを向いて座って、寝転んで等、いろいろな姿勢にアレンジをしてスタートしましょう。
走る距離は50m でも25m でも構いません。

172 アレンジ① 5m走！

走る距離が「5m」バージョンです。

173 アレンジ② いろいろな動きをしてダッシュ

①②をアレンジします。

① スタートラインの上に立ちます。

② 教師の「よういどん」の合図で、その場でももあげを10回します。できたらゴールに向かって走り出します。

ワンポイント

そのほかにも「腕立てふせ3回」、「その場でスキップ」等、アレンジをすることも可能です。

174 アレンジ③ じゃんけんダッシュ

①②③をアレンジします。

① ペア（2人組）になってじゃんけんをします。

② 勝った人が、負けた人を追いかけます。

③ タッチされたらアウト。

175 アレンジ④ ビーチフラッグダッシュ

フラッグ（的）を用意します。

②③をアレンジします。

② 合図とともにダッシュをします。

③ フラッグ（的）を先にとった人の勝ちです。

ワンポイント

中・高学年向けです。体育館でフラッグのところにはセーフティーマットを敷き、けがのないように行いましょう。

ダッシュは、さまざまな運動で大切になる基本的な動きです。
楽しみながら、ダッシュする力を伸ばしていきましょう。

176 ならんでゴー

人数 ペア　場所 体育館や運動場　時間 15分　準備物 なし

めあて

相手の動きを感じながら、調整して走ることができるようになります。

タイミング

陸上運動に取り組むときの準備運動や、レクリエーションとして行います。

進め方（遊び方）

① ペア（2人組）になり、コースに並びます。
② 横に並び、手をつないでスタートの準備をします。
③ 教師の「よういどん」の合図で、走り出します。
④ 手を離さずにゴールできたらOKです。

ワンポイント！

手をつなぐほかに、腕を組む、肩を組む、足をくくる（2人3脚）等、つながる方法はいろいろ変えてみましょう。急ぎ過ぎて、転ばないように注意して行いましょう。

177 アレンジ①　縦にならんでゴー

①②④をアレンジします。

① ４～５つのグループになり、コースに並びます。

② 縦１列に並び、ケンケンの姿勢になります。後ろの人は前の人の足を持ち、逆の手で自分の足を持ちます。

④ 決められたところまで、全員が手を離さず進むことができたら成功です。

相手とリズムを合わせないとうまく前に進むことはできません。
また、いきなり「よういどん」で競走を始めるとすぐに転んでしまう危険性もあります。まずは短い距離から始めてみましょう。
人数を増やしてつないでいくこともできます。何人でいけるかにチャレンジするのも盛り上がります。

178 スピード自由自在

人数 1人　場所 広いところ　時間 5分　準備物 なし

めあて

速さを自由自在に調整して走ることができるようになります。

タイミング

陸上運動に取り組むときの準備運動として行います。

進め方（遊び方）

① １～３（５）段階の走るスピードをイメージさせます。
② スタートラインに並び、「よういどん」の合図で、１の速さ（１番遅く）で走り始めます。
③ 教師の合図で、１段階ずつスピードを上げていきます。
④ うまくスピードチェンジできたらOKです。

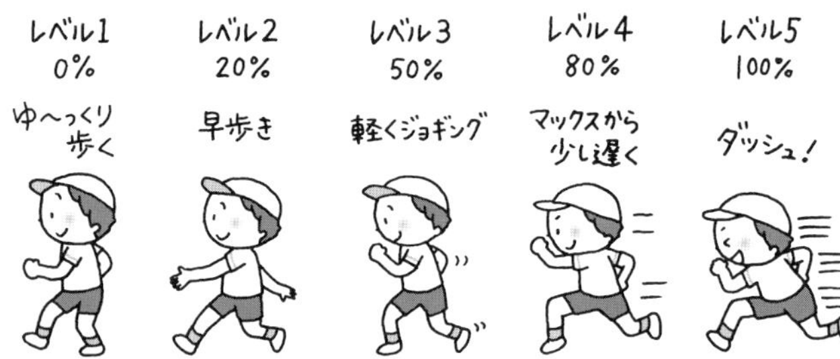

ワンポイント！

「徐々にスピードを上げる、下げる」、「合図でスピードを変える」等、バリエーションを加えるとよりおもしろくなるでしょう。自分なりのスピードチェンジができたらOKとします。

179 アレンジ①　歩幅自由自在

①②③をアレンジします。

①　1～3（5）段階の走る歩幅をイメージさせます。

②　スタートラインに並び、教師の「よういどん」の合図で、1の歩幅（1番狭い歩幅）で走り始めます。

③　教師の合図とともに、1段階ずつ歩幅を広げていきます。

180 アレンジ②　方向自由自在

③をアレンジします。

③　教師の「右」「左」「前」「後」の声（合図）で、その方向へ体ごと向きを変え方向転換します。

ワンポイント

ほかにも、「体は正面を向いたまま進行方向のみ変える方法」もあります。

181 アレンジ③　走り方自由自在

③をアレンジします。

③　教師の合図で、指示された走り方で走ります。

ワンポイント

「手足一緒に」、「忍者」等、いろいろな走り方をしてみると盛り上がります。

ただ走るだけでは、だんだん飽きもでてくるでしょう。アレンジをいろいろ加えることで楽しく走ることができるようにしましょう。

182 ハードルぐるぐる勝負！

人数 ペア　場所 体育館や運動場　時間 10分　準備物 ハードル

めあて

重心移動を工夫しながら、ハードルの周りをすばやく回ることができます。

タイミング

陸上運動に取り組むときの準備運動や、レクリエーションとして行います。

進め方（遊び方）

① ペア（2人組）をつくります。
② ハードルを2台準備し、それぞれにスタートラインを引きます。
③ 教師の「よういどん」の合図で、2人同時にスタートして、ハードルの周りを5周回ります。
④ 早く回り終えたペアの勝ちです。

ワンポイント！

陸上運動としての準備運動だけではなく、ほかの領域でも行うことができます。なかなかハードな運動です。目が回ってしまうので回りすぎには注意しましょう。

183 アレンジ① 縦ぐるぐるバージョン

③をアレンジします。

③ 教師の「よういどん」の合図で、ハードルをくぐる、跳ぶを5回くり返します。

ワンポイント

ぐるぐるの方向が変わりました。

3台ほどつなげて、「くぐる・くぐる・くぐる→跳ぶ・跳ぶ・跳ぶ」にすることもできます。リレー形式にすれば、なお盛り上がります。

子どもたちはハードルを跳んだり、くぐったりが大好きです。楽しみながら行いましょう。

ただし、転んでハードルの角で頭を打つと大きなけがにつながります。ハードルにカバーをつける等の対策をしておきましょう。

陸上運動

184 じゃんけんジャンプ

人数 2～3人　場所 広いところ　時間 10分　準備物 なし

めあて

仲間とともに楽しみながら、遠くに跳ぶ力を身につけることができます。

タイミング

陸上運動に取り組むときの準備運動や、レクリエーションとして行います。

進め方（遊び方）

① 2、3人のグループに分かれます。

② スタートラインとゴールラインを決め、スタートからグループでじゃんけんをします。

③ グーで1歩。チョキで2歩。パーで3歩ジャンプすることができます。

④ 誰が早くゴールにたどり着けるかを競います。

ワンポイント！

「両足ジャンプ」「ケンケンジャンプ」「後ろ向きジャンプ」等、ジャンプの方法を変えることでバリエーションも広がります。教師対子どもでじゃんけんをすれば、クラス一斉に行うこともできます。

185 アレンジ①　サイコロジャンプ

サイコロを用意します。

③をアレンジします。

③　じゃんけんに勝ったらサイコロをふります。出た目だけジャンプすることができます。

ワンポイント

サイコロを準備します。じゃんけんをせずに、順にサイコロをふっていくだけでも楽しくなります。

186 アレンジ②　ぴったりジャンプ

②③④をアレンジします。

②　○ｃｍという設定を決めます。

③　順に跳んで、印をつけておきます。

④　全員跳び終えたら、距離を測り、設定に１番近い人の勝ち。

187 アレンジ③　ホップ、ステップ、ジャンプ！

186の③④をアレンジします。

③　ホップ、ステップ、ジャンプで順に３段跳びをして印をつけておきます。

④　設定に１番近い人の勝ちです。

ワンポイント

助走あり、なし。○回連続で跳ぶ等のルールを付け加えることで、さらにバリエーションが広がります。「10回で10m」等で、ピタリ賞が出ると大いに盛り上がります。

ただ遠くへ跳ぶことだけをめざしていては、記録がなかなか伸びない子にとってはつまらない時間となってしまいます。楽しくジャンプすることをくり返しながら、みんなで跳ぶコツを見つけていきましょう。

188 リズムにのってジャンプ

人数 1人　場所 広いところ　時間 10分　準備物 フープ

めあて

リズミカルに走りながら、跳ぶことができるようになります。

タイミング

陸上運動のハードル走等に取り組むときの準備運動として行います。

進め方（遊び方）

① フープを一定間隔に並べます。

② フープの中だけを通って走り抜けます。

③ いろいろなコースを用意して、1番気持ちよく走ることができるコースをつくります。

ワンポイント！

間隔の狭いコース、広いコース、バラバラのコース等、いろいろなコースを用意することで、もっとも心地よく走り抜けられるコースを実感できるようにします。また、競走の要素を取り入れるのも盛り上がります。

189 アレンジ①　段ボールジャンプ

段ボールを用意します。

①②③をアレンジします。

① 段ボールを一定間隔に並べます。

② 段ボールを跳びこえながら走り抜けます。

③ 段ボールの大きさや各間隔をいろいろ用意して、１番気持ちよく走ることができるコースをつくります。

ワンポイント

段ボールを準備します。跳ぶときに高さが必要になります。

190 アレンジ②　シンクロジャンプ

①②③をアレンジします。

① フープや段ボールを２コース同じように並べます。

② ２人で同じペースで跳びこえながら走り抜けます。

③ ２人の動きがぴったり同じになればOK ！

191 アレンジ③　三（四）角形ハードル

①②をアレンジします。

① フープや段ボール、ハードルを使って、三（四）角形のコースをつくります。

② １周を何秒で回ることができるか挑戦します。

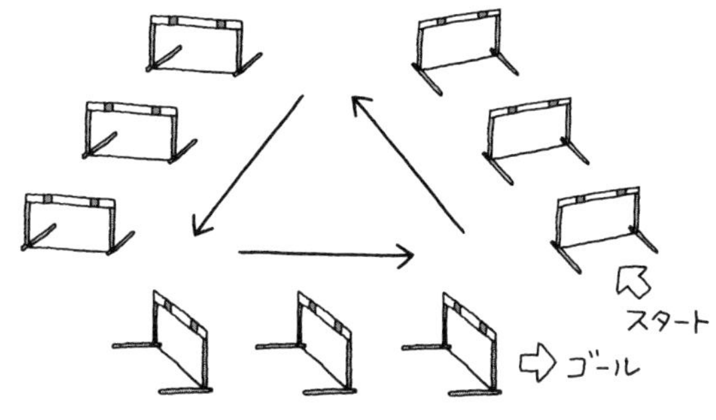

192 追いこしマラソン

人数 5～6人　場所 運動場　時間 10分　準備物 なし

めあて

長い距離を、無理のない速さで走ることができるようになります。

タイミング

体育の授業における準備運動や、メインの活動として行います。

進め方（遊び方）

① 5～6人のグループをつくります。

② グループで縦1列になり、ゆっくりのスピードで走ります。

③ 1番後ろの人が、自分のタイミングでスピードを上げて1番先頭まで追い抜きます。

④ ②③をくり返します。

ワンポイント！

息が少しはずむぐらいの速さで走りましょう。お話しながら走るのもOKです。音楽をかけたりしながら走ったりするのもよいですね。すれ違ったほかのチームとハイタッチする等、楽しい雰囲気で行いましょう。

193 アレンジ① 給水体験マラソン

①②③をアレンジします。

① マラソンコース上に給水場を設けます。
② そこに自分の名前を書いた紙コップやストロー付きの水筒等を置きます。
③ 自分のペースで、水分補給したいときに給水します。

ワンポイント

走りながら、水分をとることは簡単なようで難しいです。単調になりがちなマラソンにアクセントを加えて、楽しみましょう。

194 アレンジ② めざせ世界記録！

①②③をアレンジします。

① 順番を決めます。
② 決められた距離をリレー形式でつないでいきます。
③ トータルのタイムで世界記録をめざします。

194の42.195kmを世界記録の２時間そこそこで走ろうと思ったら、100mを17～18秒で走り続けて、のべ400人以上がリレーしなくてはいけません。なかなかクリアできるものではありません。しかし、みんなで記録にチャレンジすることは、それだけでやる気へとつながります。
６年生の最後に、みんなでチャレンジしてみるのもいい思い出になります。

195 ナンバリングリレー

人数 グループ　場所 運動場　時間 10分　準備物 バトン

めあて

次に誰が走るのかのドキドキ感を楽しみながら、リレーのバトンをうまくつなげるようになります。

タイミング

陸上運動に取り組むときのメインの活動として行います。また、異学年交流、運動会の種目として行います。

進め方（遊び方）

① 1グループ4～8人のチームをつくります。

② チームの中で、自分のナンバーを決めます。

③ 教師が、第1走者のナンバーを発表します。
そのナンバーの人は、バトンを持って走ります。

④ 次走者以降は、教師が言うナンバーの人になります。

ワンポイント！

自分のナンバーがいつ呼ばれるのかわかりません。このドキドキ感も楽しみましょう。経験したことのない子がアンカーになるチャンスも生まれます。

196 アレンジ① サイコロリレー

サイコロを用意します。

①④をアレンジします。

① 1グループ6人のチームをつくります。

④ 次走者は、チームの人や、先生がふったサイコロの目のナンバーの人になります。

ワンポイント

サイコロに運命を委ねます。2回走る可能性はもちろん、ひょっとしたら6回連続1人で走りきることもあるかもしれません。

また、6周ではなく、全部の目が出て、全員が走ったら終わりとしても楽しいでしょう。いつまでたっても終わらないという事態もありえますが……。

197 アレンジ② いろいろバトンリレー

195のバトンをいろいろ変えてみましょう。

ワンポイント

「長い棒」に、「フラフープ」「バスケットボール」に「安全コーン」等、身のまわりにあるいろいろなものをバトン代わりにしてしまいます。

リレーは体育授業の鉄板（ネタ）です。ただ、いつも同じだと楽しさも半減。また、いつも勝つチームも固定されがちです。バリエーションを加えて、いつまでもドキドキ感を楽しめる活動にしましょう。

198 のびのびリレー

人数 クラス　場所 運動場　時間 15分　準備物 バトン

めあて

自分のチームの有利になるように、考えながら動くことができるようになります。

タイミング

陸上運動でメインの活動や、レクリエーションとして行います。

進め方（遊び方）

① クラスを半分に分け、各チーム１列に並びます。（下図参照）

② 列の先頭の人から順に、相手チームの後ろを回って、次の人にタッチします。

③ 全員が走り終わるのが早いチームが勝ちです。

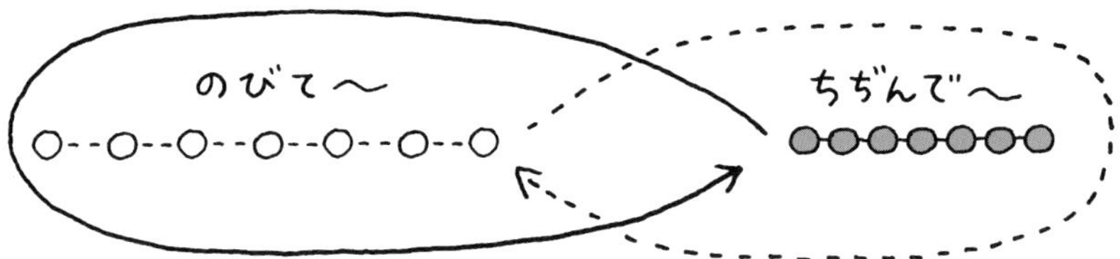

ワンポイント！

自チームが得するようにいかに動くかがポイントとなります。走っているとき以外も休んでいるヒマはありません。

199 アレンジ①　ショートサーキットリレー

コーンを用意します。

①②③をアレンジします。

①　１グループ４～６人のチームをつくります。

②　コーンを５ｍの距離で２本置きます。

③　８の字で走り、次の人にバトンパスしていきます。

ワンポイント

短い距離のリレーとなります。カーブを曲がるときの体の倒し方がポイントとなります。

200 アレンジ②　50mリレー

199の②③をアレンジします。

②　50mの直線コースをつくります。

③　50mの間に全員がバトンパスして走りきります。

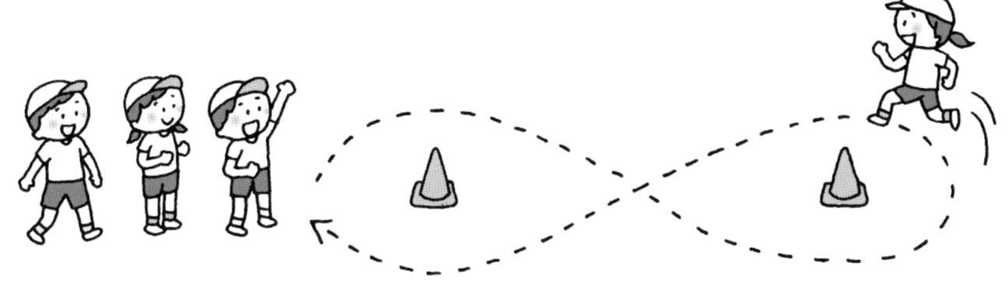

いかにバトンパスをすばやく行うかが、勝負の分かれ目となります。
スピードを落とさずにバトンパスを行う練習にもなるでしょう。

あとがき

本書を執筆させていただいた日野英之、樋口万太郎、そして私。我々３人は、自分で言うのもおかしいですが、変わった部類の……、いや個性的な教師と言われます。さらには年齢も、歩んできた道も、得意分野も、教師としてのタイプも、現在の立場もまったく違います。そんな３人が１冊の本を共同で執筆するなんて、その過程は一筋縄ではいかないのではないか、まとまりのないものができあがるのではないか、それどころか完成しないんじゃないだろうか……。私にはそんな不安が大いにありました。しかし、実際に話を進めていくと、あれよあれよと話が決まっていきます。わくわくするアイデアがどんどん沸いてきます。そして、執筆するのがどんどん楽しくなっていきます。なぜか？考えてみると、私たち３人が大事にしている願いが同じだったからです。

遡ること数年、我々３人が中心となり、「授業力＆学級づくり研究会」という会を立ち上げました。その時決めた会の理念は「子ども、保護者、教師。みんな幸せ！」でした。そう。その願いは、立場は変われど私たちのなかに生きていました。

本書『体育アクティビティ200』によって、子どもたちは仲間と一緒に体を動かし、できることが増えて幸せになる。保護者は我が子の楽しい学校での様子を見聞きして幸せになる。教師は子どもたちや保護者の笑顔を見ることができて幸せになる。そんな幸せの連鎖を夢見ています。

本書が、「みんなを幸せにする」ことに少しでも寄与できたなら、こんなにうれしいことはありません。そのときは、我々３人もその幸せの連鎖の片隅にそっと仲間入りさせてもらえます。

最後になりましたが、本書の作成にあたってフォーラム・Ａの藤原幸祐様には、たいへんなご尽力をいただきましたことに、深く感謝申し上げます。

垣内幸太

垣内　幸太（かきうち　こうた）

1974年兵庫県生まれ。大阪府箕面市小学校教諭。

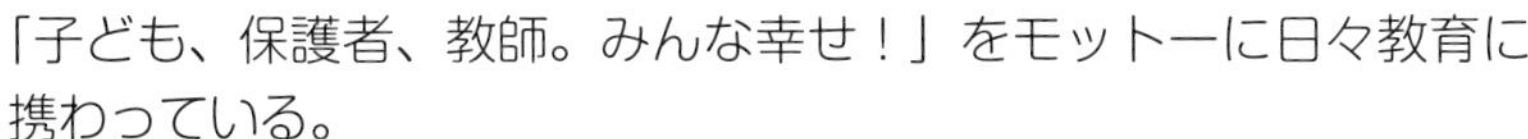

「子ども、保護者、教師。みんな幸せ！」をモットーに日々教育に携わっている。

関西体育授業研究会設立／授業力＆学級づくり研究会

【著書】

「学級力が一気に高まる！　絶対成功の体育授業マネジメント」「３年目教師勝負の体育授業づくり」「笑顔で全員参加の授業！　ただただおもしろい指名の方法48手」（以上、明治図書出版）　他多数

日野　英之（ひの　ひでゆき）

1982年愛媛県生まれ。大阪府公立小学校を経て、箕面市教育委員会。

「一生懸命が報われる」をモットーに学級づくり、授業づくりを行っている。

関西体育授業研究会／授業力＆学級づくり研究会／みのお教師力向上学習会

【著書・共著】

「団体演技でみんなが輝く！『フラッグ運動』絶対成功の指導BOOK」「クラスの絆がグッと深まる！『なわとび』絶対成功の指導BOOK」「５分でクラスの雰囲気づくり！　ただただおもしろい休み時間ゲーム48手」（以上、明治図書出版）　他多数

樋口　万太郎（ひぐち　まんたろう）

1983年大阪府生まれ。大阪府公立小学校、大阪教育大学附属池田小学校を経て、2016年より京都教育大学附属桃山小学校教諭。

「笑顔」「子どもに力がつくならなんでもいい！」「自分が嫌だった授業を再生産するな」をモットーに日々の授業を行っている。

全国算数授業研究会 幹事／関西算数授業研究会 会長／まなぼうズ 主催者

授業力＆学級づくり研究会 事務局／学校図書教科書「小学校算数」編集委員

【著書】

「『あそび＋学び』で、楽しく深く学べる　算数アクティビティ200」（フォーラムＡ企画）「３ステップでできる！子どもがワクワク学び出す算数授業♪」（学陽書房）「そのひと言で授業・子供が変わる！算数７つの決めゼリフ」（東洋館出版社）　他多数

参考文献

「導入５分が授業を決める！『準備運動』絶対成功の指導BOOK」
「体育授業が100倍盛り上がる！『教材アイデア』絶対成功の指導BOOK」
「主体的・対話的で深い学びをつくる！体育授業『導入10分』の活動アイデア」
「10分で運動能力を高める！体つくり運動ベスト100」
「体育おもしろ準備運動100選」
（以上、明治図書出版）
「運動嫌いの子も楽しめる！体力アップに効果絶大！体育あそび101」（学陽書房）

「あそび＋学び＋安全」で、楽しく深く学べる
体育アクティビティ200

2021年４月10日　初版　第１刷発行
著　者　樋口万太郎・垣内幸太・日野英之
発行者　面屋尚志
発行所　フォーラム・A企画
〒530-0056　大阪市北区兎我野町15-13
TEL　(06) 6365-5606
FAX　(06) 6365-5607
振替　00970-3-127184

デザイン　ウエナカデザイン事務所
イラスト　むかいえり
印　刷　尼崎印刷株式会社
制作編集担当　藤原幸祐

ISBN978-4-86708-031-3　C0037
乱丁・落丁本は、送料小社負担にてお取り替え致します。